La psicopatía en el siglo XXI

La psicopatía en el siglo XXI

JOSE LUIS ALBA ROBLES (COORD.)

Criminología y Justicia
(ed.)
Palma de Mallorca

Edita: Grupo Criminología y Justicia.

www.grupo.crimyjust.com

dirección@crimyjust.com

ISBN-13: 978-1530905447

ISBN-10: 1530905443

Año 1ª Edición Impresa: 2016

Contenido

Presentación   vii
**Jose Servera. Director de Criminología y
Justicia.**

La psicopatía ¿Patología o adaptación al medio?   1
**Jose Servera. Director de Criminología y
Justicia.**

La psicopatía como paradigma actual de   7
estudio en la criminología
**Vicente Garrido Genovés y María Jesús
López Latorre. Universidad de Valencia.**

La psicopatía. Estudio del caso Manson   *42*
**José Luis Alba Robles y Vicente Garrido.
Universidad de Valencia.**

La violencia filio-parental en hijos e hijas   *58*
adolescentes con rasgos de psicopatía
**Concepción Aroca Montolío y José Luis
Alba Robles. Universidad de Valencia.**

Reflexiones sobre psicopatía de un   *97*
psicólogo clínico
Carlos Ramos Gascón. Psicólogo clínico.

Presentación

JOSE SERVERA. DIRECTOR DE CRIMINOLOGÍA Y JUSTICIA.

La obra que tiene a su disposición el lector pertenece a la colección especial de obras que Criminología y Justicia ha editado para celebrar el quinto aniversario de su nacimiento. Para ello, y teniendo en cuenta el elevado volúmen de artículos que se han publicado durante todo este tiempo, creemos que un buen modo de preservar y promover ese conocimiento es difundiéndolo a través de la elaboración de una serie de obras que compilen todo el contenido publicado desde mayo de 2011 hasta ahora.

En el caso del libro que tienes en tus manos, estamos ante un monográfico que fue publicado en mayo de 2012, pero que solo se ha podido encontrarse hasta ahora en versión digital, y que se correspondió con el tercer número de la revista.

Tanto por la temática como por los autores que participaron en ella, se trata de una de las obras más vendidas en su edición digital, y por ello no dudamos un solo momento en elaborar una edición especial en papel para esta colección.

No te entretengo más querido lector, y te invito a que te adentres de pleno en lo que los autores de este monográfico aportaron en su momento.

La psicopatía ¿Patología o adaptación al medio?

JOSE SERVERA. DIRECTOR DE CRIMINOLOGÍA Y JUSTICIA.

¿Son los rasgos del psicópata fruto de un cálculo de costes beneficios según el ambiente social en el que se encuentra? ¿Se puede hablar, en un sentido contrapuesto, de un cúmulo de características fruto de una especial mutación genética? Parece difícil responder a ello, aunque razones hay para pensar en que ambos puntos de vista bien pueden explicar la existencia de personas que reúnan esta serie de rasgos que, según Hare, representan el 1% de la población mundial.

En un artículo de reciente publicación se sacaban a la palestra ambas perspectivas como uno de los retos que los profesionales de los diferentes ámbitos deberemos resolver en este siglo si queremos obtener mejores resultados a los conseguidos hasta ahora cuando se aborda la reintegración social del psicópata que ha cometido algún delito (Glenn, Kurzban,Raine,2011).

Así, los que sostienen la psicopatía como un modo de adaptación al medio social en el que se encuentran sostienen que los rasgos psicopáticos pueden ser beneficiosos en según que contextos para la supervivencia y el éxito en las metas que se marca (Buss, 2009). De ese modo, el arte del engaño le reporta una mayor capacidad para obtener recursos, capacidad para negociar con éxito, habilidades para persuadir a compañeros de trabajo, familiares, amigos, pareja…La labia y el encanto aparente le pueden reportar aliados en todos los estamentos sociales, y resultar atractivo para conseguir relaciones de pareja a corto plazo. La falta de empatía le ayuda a adoptar una actitud resiliente ante situaciones de estrés, habilidad para poder aprovecharse de los demás, ausencia de ansiedad, e incluso falta de remordimiento en caso de existir algún tipo de responsabilidad familiar. Su impulsividad le puede llevar a no dejar escapar las oportunidades que tiene. Su ausencia de miedo le ayuda a afrontar sus objetivos sin barreras subjetivas que lo limiten (Glenn,Kurzban,Raine,2011). Y así podríamos continuar con tantos otros rasgos propios de la psicopatía, y que bien pudieran incluirse en cualquier manual de éxito empresarial. Una sociedad en la que adoptar dichas aptitudes supone un beneficio directo en la vida del sujeto producirá entonces un mayor número de individuos con rasgos psicopáticos.

En el otro lado, los que apuestan por la psicopatía como una mutación genética abordan su propuesta en base a diferentes evidencias:

1. Que las anormalidades en el desarrollo neurológico tienden a aumentar el riesgo de psicopatía.

2. La contrastada correlación entre Trastorno por Déficit de Atención con Hiperactividad (TDAH) y psicopatía en jóvenes. Así, se comprobó que, entre los jóvenes con rasgos psicopáticos, un 75% de los mismos habían sido diagnosticados con TDAH (Colledge & Blair,2001)

3. El especial modo en que los psicópatas llevan a cabo sus agresiones, con unos rasgos únicos que los diferencian del resto: se tratan de eventos planificados, depredadores y con un objetivo marcado de antemano.

Se hace difícil apostar por una u otra teoría, y solo los avances en los diferentes campos de estudio pueden determinar en un futuro próximo la balanza. Así mismo, tampoco hay que descartar una sobre otra, ya que ambas teorías pueden convivir armoniosamente (puede haber sujetos determinados neurológicamente que, por las circunstancias sociales, no sacan a relucir su psicopatía, y viceversa). Lo que se debe determinar es de dónde procede la fuerza con la que la psicopatía irrumpe en el caracter de una persona, y cuales son las posibilidades de reducir ese impacto negativo en nuestra sociedad. Si se comprueba que la teoría ambiental es la que tiene mayor peso, la apuesta debería ser social y no individual: construir un estado en el que los rasgos psicopáticos no tuvieran oportunidad de proporcionar beneficio alguno a aquel que los posee. En caso de encontrarnos con un trastorno o patología, se debería enfocar todo el trabajo en la modificación de los agentes patógenos individuales.

Salekin apuntaba hace una década una tendencia preocupante

entre los terapeutas que trabajaban con psicópatas. Parecía existir la idea, más o menos consensuada, de que no había tratamiento posible para una persona con psicopatía. Son personas intratables, imposibles de reinsertar en la sociedad. Ello invadió de cierto pesimismo a los profesionales que debían trabajar con ellos, con el consiguiente efecto negativo que tiene la pérdida de esperanza sobre los posibles resultados. Según el autor, ello obedecía a tres causas (Salekin,2002):

1. El desacuerdo manifiesto a la hora de definir las características de la psicopatía

2. La etiología de la psicopatía no había sido comprendida

3. La escasez de estudios relevantes que expusieran los resultados obtenidos a través de los diferentes tratamientos llevados a cabo sobre personas con rasgos de psicopatía, así como el poco seguimiento que se le daba a estos tras su tratamiento.

Años más tarde, y como hemos podido ver con este primer paradigma inicial, son todavía muchas las dudas a resolver, y los retos que nos supone afrontar algo sobre lo que aún no parece existir un consenso claro.

Bibliografía

Buss, D. M. (2009). How Can Evolutionary Psychology Successfully Explain Personality and Individual Differences? Perspectives on Psychological Science, 4(4), 359-366. SAGE Publications.

Colledge, E., & Blair, R. J. . (2001). The relationship in children between the inattention and impulsivity components of attention deficit and hyperactivity disorder and psychopathic tendencies. Personality and Individual Differences, 30(7), 1175-1187.

Glenn, A. L., Kurzban, R., & Raine, A. (2011). Evolutionary theory and psychopathy. Aggression and Violent Behavior, 16(5), 371-380.

Salekin, R. T. (2002). Psychopathy and therapeutic pessimism. Clinical Psychology Review, 22(1), 79-112.

La psicopatía como paradigma actual de estudio en la criminología

VICENTE GARRIDO GENOVÉS Y MARÍA JESÚS LÓPEZ LATORRE.
UNIVERSIDAD DE VALENCIA.

Robert Hare (1998), caracterizando al psicópata, escribe lo siguiente: *"He descrito al psicópata como un depredador de su propia especie que emplea el encanto personal, la manipulación, la intimidación y la violencia para controlar a los demás y para satisfacer sus propias necesidades egoístas. Al faltarle la conciencia y los sentimientos que le relaciona con los demás, tiene la libertad de apropiarse de lo que desea y de hacer su voluntad sin reparar en los medios y sin sentir el menor atisbo de culpa o arrepentimiento"* (p. 196).

Ellos, en efecto, son responsables de una cantidad desproporcionada de crímenes, actos violentos y conductas que causan ansiedad y un profundo malestar social (Hare, 1993, 1998; Harris, Rice y Lalumière, 2001), lo que ha llevado a afirmar a estos últimos autores que *"con respecto a la persistencia, frecuencia y gravedad de los hechos cometidos, los psicópatas varones constituyen los sujetos más violentos de los que se tiene noticia"* (p. 406).

Se entenderá, por consiguiente, que desarrollar programas eficaces de tratamiento con los delincuentes psicópatas sea una meta necesaria de la intervención correccional, especialmente si estamos refiriéndonos a jóvenes delincuentes, que todavía tienen muchos años para cometer delitos, o bien delincuentes adultos que no han sido condenados a cadena perpetua –algo que no es posible en España y en otros países–, y que presentan un riesgo muy elevado de reincidencia.

Este capítulo tiene varias finalidades. En primer lugar, presenta unas notas históricas que ayudan a entender el desarrollo histórico del concepto, para pasar luego a discutir en qué medida tal concepto de psicópata posee una entidad definida. Posteriormente se explora la, evaluación, patología y el tratamiento de los delincuentes psicópatas adultos, para terminar estableciendo algunas prioridades de la investigación futura.

1. DESARROLLO HISTÓRICO DEL DIAGNÓSTICO DE PSICOPATÍA

Cuando el médico francés Philippe Pinel escribió, en 1801, su histórica primera definición del psicópata, introdujo una particularidad diagnóstica de extraordinaria relevancia, ya que hasta esa primera definición se creía que toda locura tenía que serlo de la mente, es decir, de la facultad razonadora o del intelecto. De ahí que él fuera el primero en hablar de *"locura sin delirio"* (manie sans délire), es decir, sin confusión de mente. Escribió el francés, en efecto, que: *"No fue poca sorpresa encontrar muchos maníacos que en ningún momento dieron evidencia alguna de tener una lesión en su capacidad de comprensión, pero que estaban bajo el dominio de una furia instintiva y abstracta, como si fueran sólo las facultades del afecto las que hubieran sido dañadas"* (p. 9. citado en Millon, Simonsen y Birket-Smith, 1998, pág. 4).

Sobre este primer paso para la moderna definición médica del psicópata se sumó la aportación del alienista británico J.C. Pritchard, quien introdujo en su obra de 1835 una concepción de la psicopatía que sigue siendo muy relevante, porque captura la esencia de la personalidad psicopática. Pritchard nos legó su concepto de "locura moral" ("moral insanity"): *"... una enfermedad, consistente de una perversión mórbida de los sentimientos naturales, de los afectos, las inclinaciones, el temperamento, los hábitos, las disposiciones morales y los impulsos naturales, sin que aparezca ningún trastorno o defecto destacable en la inteligencia, o en las facultades de conocer o razonar, y particularmente sin la presencia de ilusiones anómalas o alucinaciones"* (p.135, citado en Prins, 2001).

Para Pritchard, el término "moral" significaba emocional y psicológico, y no significaba lo opuesto de "inmoral". Y en otro lugar de su obra volvía con otras líneas complementarias: *"Hay una forma de perturbación mental en la que no aparece que exista lesión alguna o al menos significativa en el funcionamiento intelectual, y cuya patología se manifiesta principal o exclusivamente en el ámbito de los sentimientos, temperamento o hábitos. En casos de esta naturaleza los principios morales o activos de la mente están extrañamente pervertidos o depravados; el poder del autogobierno se halla perdido o muy deteriorado, y el individuo es incapaz, no de hablar o de razonar de cualquier cosa que se le proponga, sino de conducirse con decencia y propiedad en los diferentes asuntos de la vida"* (pág. 85, citado en Millon, Simonsen y Birket-Smith, 1998, pp. 5 y 6).

La actualidad de esta definición descansa en que, como hiciera Pinel, reconoce que en el psicópata no hay perturbación mental, para pasar luego a situar la patología *"principal o exclusivamente en el ámbito de los sentimientos, temperamento o hábitos".* Esto lleva a una gestión incorrecta de los impulsos y metas en la vida (*"el poder del autogobierno se halla perdido o muy deteriorado"*) y a unos *"principios morales (...) [que] están extrañamente pervertidos o depravados".* La conclusión es el desprecio y la indiferencia hacia las normas y modos de vida de la sociedad en la que le toca vivir; de ahí que, si bien puede *"hablar o razonar de cualquier cosa que se le proponga"* –puesto que sus facultades de raciocinio no están lesionadas–, para lo que en verdad está seriamente incapacitado es para *"conducirse con decencia y propiedad en los diferentes asuntos de la vida".*

Resulta correcto, entonces, señalar –como sugiere Coid (1993)– que fue en Francia donde se originó el concepto de personalidad anormal como sinónimo de desadaptación social (esa *"furia instintiva y abstracta"* de la que habla Pinel), desarrollándose posteriormente de modo pleno tal idea en

Inglaterra, lo que ha dado lugar a la noción común que tiene el sistema jurídico del trastorno psicopático.

Ya en el siglo XX, en su obra magna Las personalidades psicopáticas (con ediciones desde 1923 hasta 1950), Kurt Schneider señaló que los psicópatas no sólo se hallaban en las prisiones e institutos psiquiátricos, sino en toda la sociedad, ya que muchas veces eran personas que tenían éxito en los negocios y en la vida social mundana, ostentando incluso posiciones de poder en la política. Un eminente psiquiatra americano, Harvey Cleckley (1941) había desarrollado un tratado extraordinario sobre este tipo de psicópata no criminal, en su célebre obra "La máscara de la cordura", y fue él quien mejor definió sus rasgos esenciales, que posteriormente iban a ser considerados por Robert Hare para crear su Escala de Valoración de la Psicopatía (PCL) que, desde su versión de 1991 (PCL-R), se constituyó en el referente del mundo científico en el diagnóstico del trastorno.

Otra forma de expresar este desarrollo sería que, con los años, las aproximaciones al trastorno psicopático se han caracterizado desde diferentes modelos: la psiquiatría tradicional, en la que se postula una deficiencia psicológica (Pinel y Pritchard, Benjamin Rush); el modelo de la desviación social o de la competencia social, y, en más recientes años, el modelo de la neurociencia y la psicofisiología, comandado sobre todo por los psicólogos (Prins, 2001, p.91).

2. ¿SON LOS PSICÓPATAS UNA ENTIDAD DIFERENTE DEL RESTO DE LOS DELINCUENTES?

Algunos autores rechazan la validez y utilidad del concepto de 'psicópata'. Gunn (1998) resume la postura más común entre aquéllos, y una que nos interesa especialmente, ya que pone de relieve las implicaciones que esta categoría tiene para el tratamiento.

En la base de sus objeciones está la idea de que buena parte de la investigación actual ha dado una imagen falsa al psicópata, es decir, ha construido una realidad que no es tal, al no sustentarse en el conocimiento de los procesos etiológicos: *"No tenemos una clara comprensión de los mecanismos patológicos implicados en el 'trastorno psicopático'. Peor aún, si miramos con detenimiento este concepto veremos que con él penetramos en un discurso moral, ya que el 'psicópata' es sinónimo de 'mala persona', lo cual es un concepto poderoso subjetivo que resulta inútil en la ciencia médica"* (pp.33-34).

Ello, de acuerdo con su crítica, trae repercusiones importantes, ya que constituye *"una razón contundente para el rechazo de los individuos que son así definidos, una exclusión de los ámbitos del tratamiento hacia las respuestas claramente punitivas"* (1998, p.35). Incluso cuando el diagnóstico se añade a otro (p.ej., esquizofrenia), en un diagnóstico dual –sigue diciendo Gunn–, no se hace para mejorar el tratamiento, sino para excluirlo de toda esperanza por su conducta agresiva o antisocial.

Veremos más adelante que estas derivaciones del término *"psicópata"* para la rehabilitación son ciertamente relevantes, y el propio Robert Hare se ha ocupado de ellas, pero ahora interesa centrarnos en si la entidad tiene o no una base real. Y es de nuevo Robert Hare (1998, p. 188) quien contesta, ya que no está de acuerdo con la opinión que asegura que el concepto de psicopatía es una mera construcción teórica sin fundamento real, o que no resulta útil en términos clínicos o forenses, calificándolas de *"especulaciones de sillón"*. Y concluye: *"El hecho es que la psicopatía es uno de los constructos clínicos mejor validados del ámbito de la psicopatología, y sin duda el de mayor importancia clínica dentro del sistema de justicia criminal. Así, una reunión a la que asistieron investigadores punteros en patología de la personalidad que se celebró en Washington, en junio de 1992, concluyó que la convergencia de paradigmas biológicos, psicológicos y conductuales que se encuentra en la teoría y en la investigación sobre la psicopatía era un modelo útil para la validación de otros conceptos en los trastornos de la personalidad"* (p. 189).

No sólo son los psicópatas una realidad incontestable, sino que para el profesor canadiense los psicópatas son un tipo muy especial de delincuente, una categoría claramente aparte: *"Los psicópatas son cualitativamente diferentes de otros delincuentes habituales, e incluso de aquellos que muestran una actividad delictiva extremadamente grave y persistente. En efecto, ellos tienen una carrera delictiva específica en relación con el número y tipo de conductas antisociales que realizan, así como con las edades en que cometen esos hechos. Además, parece que sus motivaciones también difieren, con el resultado de que la topografía conductual de sus crímenes (es decir, su modus operandi) también es diferente. La personalidad y los factores psicosociales que sirven para explicar la conducta antisocial en general (…) puede que no sea aplicable a los psicópatas. Cualquier análisis comprensivo del crimen deben incluir una discusión del papel que juega la psicopatía"* (p. 197).

Esa diferencia también se manifiesta en el abandono o cese de la carrera delictiva. Parece que la disminución de la actividad antisocial que se da habitualmente en la década de los treinta años, en el caso de los psicópatas se limita a los delitos no violentos, y en un grado menor que el que se registra en delincuentes no psicópatas (Hare, Mcpherson y Forth, 1988).

Hare, Rice y Cormier (1991) también encontraron que la violencia y la conducta agresiva disminuía poco con el aumento de la edad en el caso de los psicópatas. Ello probablemente se deba a que el factor 2 de la PCL-R, que mide la actividad antisocial e impulsiva del sujeto (véase más adelante esta escala), acusa el paso de la edad, pero no el factor 1, lo que revelaría una persistencia en el tiempo de los rasgos de manipulación, insensibilidad y egocentrismo que definen a este factor.

Otros autores actuales convergen con esta opinión, y además apoyan la idea de que el delincuente psicópata es un tipo especial, cualitativamente diferente de los otros delincuentes (Harris y otros, 2001; Simonsen y Birketsmith, 1998; Wong, 2000). ¿Basta la crítica de que no están definidos los procesos etiológicos de la psicopatía para desestimarlo como un constructo válido y útil en la investigación y práctica clínica o correccional? No parece que sea ese el caso, ya de que, siendo consecuentes, tendríamos que renunciar a categorías como "esquizofrenia" o "autismo", y otras muchas que sólo en los últimos años están desvelando sus procesos neurofisiólogicos últimos, y aún esa tarea no está del todo terminada. La cuestión más bien es si los métodos de evaluación que poseemos nos permiten definir un "modo de ser" y de actuar que sirva para predecir y caracterizar los actos antisociales que queremos estudiar. Y esto parece claramente que se está consiguiendo en la investigación más reciente (véase Raine y Sanmartín, 2000).

Esta idea es la que expresa Wong (2000), resumiendo una postura que, creo, es la más acertada, cuando afirma que a pesar de las diferentes estrategias en la medición de la psicopatía, existe un sorprendente grado de convergencia con respecto al constructo clínico subyacente. Un atributo esencial común es la disfunción afectiva en la esfera interpersonal, relacionada con los rasgos de insensibilidad, falta de empatía y remordimientos, egocentrismo, mentira patológica y manipulación. La descripción clásica de McCord y McCord (1964), retratando al psicópata como alguien "sin amor y sin remordimientos", sigue siendo válida, afirma este autor. Entre las características comportamentales, lo fundamental descansa en las violaciones persistentes de las normas sociales, y la explotación de los demás sin sentimientos de culpa. En el ámbito del sistema de justicia, la conducta delictiva persistente y la violencia son elementos frecuentes.

3. LA EVALUACIÓN DE LA PSICOPATÍA

3.1. DOS ESCUELAS DIAGNÓSTICAS

Con anterioridad a la aparición de la tercera revisión del Manual Diagnóstico y Estadístico de los Trastornos Mentales en 1980 (DSM-III), el diagnóstico de la psicopatía estaba bastante cercano a las características descritas por Cleckley en su obra fundamental "La Máscara de la Cordura" (1941/ 1976). La descripción del psiquiatra norteamericano incluyó lo siguiente:

- No hay alucinaciones ni otros síntomas de pensamiento irracional
- Ausencia de nerviosismo o de síntomas neuróticos
- Encanto externo y notable inteligencia
- Egocentrismo patológico e incapacidad para amar
- Afectividad muy reducida
- Vida sexual trivial y poco integrada
- Sin sentimientos de culpa y vergüenza
- Indigno de confianza
- Mentiras; insinceridad

- Pérdida específica de la intuición ("insight") (o comprensión social)
- Incapacidad para seguir cualquier plan de vida
- Conducta antisocial sin remordimientos
- Amenazas de suicidio que no se cumplen
- Falta de aprendizaje de la experiencia vivida
- Relaciones interpersonales irresponsables
- Consumo de alcohol excesivo

Sin embargo, a partir del DSM-III se pone el énfasis en los patrones de conducta antisocial, dejando en un plano secundario los aspectos de personalidad que son, en verdad, los que recogen la esencia del concepto de "psicópata". En efecto, el diagnóstico que emplea el DSM para hablar del psicópata es el "Trastorno antisocial de la personalidad" (TAP en adelante), pero muchas de esas conductas antisociales e impulsivas pueden ser realizadas por sujetos no psicópatas. El DSM-IV continúa en esta misma línea (American Psychiatric Association, 1994).

En el cuadro 1 aparecen los criterios diagnósticos del trastorno antisocial de la personalidad (TAP).

Cuadro 1. El diagnóstico del TAP según el DSM-IV

A. Un patrón general de desprecio y violación de los derechos de los demás que se presenta desde la edad de 15 años, como lo indican tres (o más) de los siguientes ítems:

(1) fracaso para adaptarse a las normas sociales en lo que respecta al comportamiento legal, como lo indica el perpetrar repetidamente actos que son motivo de detención

(2) deshonestidad, indicada por mentir repetidamente, utilizar un alias, estafar a otros para obtener un beneficio personal o por placer

(3) impulsividad o incapacidad para planificar el futuro

(4) irritabilidad y agresividad, indicados por peleas físicas repetidas o agresiones

(5) despreocupación imprudente por su seguridad o la de los demás

(6) irresponsabilidad persistente, indicada por la incapacidad de mantener un trabajo con constancia o de hacerse cargo de obligaciones económicas

(7) falta de remordimientos, como lo indica la indiferencia o la justificación del haber dañado, maltratado o robado a otros.

B. El sujeto tiene al menos 18 años.

C. Existen pruebas de un trastorno disocial que comienza antes de la edad de 15 años.

D. El comportamiento antisocial no aparece exclusivamente en el transcurso de una esquizofrenia o un episodio maníaco.

Hare (1998) plantea la crítica de que "los criterios de diagnóstico del TAP identifican en realidad a los sujetos que son delincuentes persistentes, la mayoría de los cuales no son psicópatas". De este modo, "la validez predictiva de la psicopatía, tal y como se evalúa mediante el PCL-R es abrumadora, pero tiene poca relevancia con relación al trastorno antisocial de personalidad" (p. 191).

Cuando Robert Hare publica el Psychopathic Check List Revised ("La Escala revisada de valoración de la psicopatía", o PCL-R; Hare, 1991) se recupera la esencia del trastorno de personalidad definido por Cleckley, y en la versión reducida (PCL-SV, Hart, Cox y Hare, 1995) se evalúa la psicopatía para sujetos que no tienen por qué ser sujetos encarcelados, abriendo de este modo la evaluación a psicópatas integrados en la sociedad (Garrido, 2000), más cerca de los sujetos originalmente estudiados por Cleckley (ver cuadro 2).

Cuadro 2. Los items del PCL-R de Robert Hare (1991)

Factor 1.

Encanto superficial y locuacidad

Sentimiento de grandiosidad personal

Mentira patológica

Manipulación

Falta de sentimientos de culpa y de arrepentimiento

Emociones superficiales

Insensibilidad/falta de empatía

Incapaz de reconocer la responsabilidad de sus actos

Factor 2

Búsqueda de sensaciones

Estilo de vida parásito

Falta de autocontrol

Problemas de conducta precoces

Sin metas realistas

Impulsividad

Irresponsabilidad

Delincuencia juvenil

Revocación de la libertad condicional

Y hay tres items adicionales:

Conducta sexual promiscua

Muchas relaciones maritales breves

Versatilidad delictiva

La correlación entre el PCL-R y el TAP suele ser alta, en torno a .55/.65, sin embargo, la prevalencia del desorden entre pacientes forenses empleando el PCL-R es mucho más baja que si se emplea el criterio del TAP (15-30% versus 50-80%, respectivamente; Hare, 1980, 1985), de ahí la crítica en el sentido de que se tiende a confundir el TAP con la delincuencia general habitual (Hart y Hare, 1997). En el cuadro 3 figuran los items del PCL-R, con dos factores. El factor 1 mide los aspectos de la personalidad clásica del psicópata: encanto superficial, sin remordimientos, manipulador, emocionalmente insensible... Mide elementos del mundo emocional e interpersonal del sujeto. El factor 2 mide la conducta antisocial y la impulsividad, y es la que correlaciona sobre todo con el TAP. Por eso la escuela de Robert Hare se queja de que llamar "psicópata" al diagnosticado de un TAP es inadecuado, porque la mayoría de los que tienen este diagnóstico de trastorno antisocial de la personalidad no son psicópatas; simplemente son delincuentes reincidentes o crónicos.

Modernamente Cooke y Michie (2001) han desarrollado

un modelo de 3 factores, dividiendo el anterior factor 1 en su dimensión interpersonal y emocional o afectiva, que pasan a ser ahora el factor 1 y 2 respectivamente, dejando la conducta antisocial e impulsiva para el factor 3. Esta nueva estructuración factorial parece que responde mejor a los datos que recoge la moderna investigación sobre la personalidad psicopática, pero todavía es mayoritaria la visión ampliamente aceptada de los dos factores del PCL-R.

Dentro del factor 1– dimensión interpersonal:

- Es locuaz en su discurso
- Con una presunción que revela un sentido desmesurado de la autovalía
- Es mentiroso por naturaleza, no importándole demasiado si se le hace ver que cae en contradicciones
- Estafa a los demás sin importarle mínimamente quiénes son sus víctimas (por ejemplo, su propia familia)

Con relación al factor 2 – Dimensión afectiva:

- Presenta un afecto superficial y no es capaz de profundizar en las relaciones que establece.
- Es insensible, presentando una clara despreocupación por los derechos de los demás
- No siente culpa
- No se responsabiliza por sus propias acciones

En el factor 3 – Estilo de vida:

- Es apático en relación con cualquier actividad productiva

- Impulsivo, su conducta es el resultado de la consecución inmediata de sus deseos y caprichos

- Irresponsable, capaz de comportamientos que ponen en peligro su propia vida o la de los demás

- Parasitario, vive a costa de los demás

- No tiene metas ni objetivos claros en su vida.

Además, una de las características muy común entre los psicópatas es la búsqueda de sensaciones (Hare, 1999), tal y como M. Zuckerman lo describe (1979). Según este autor, la búsqueda de sensaciones es un rasgo de personalidad que se define por la necesidad de experimentar sensaciones y experiencias variadas, novedosas y complejas y la predisposición para aventurarse en situaciones que suponen un riesgo para la integridad física y para el mantenimiento de relaciones satisfactorias con los demás.

El individuo que puntúa alto en *"búsqueda de sensaciones"* ansía los estímulos externos que puedan maximizar sus sensaciones internas, lo que es enormemente facilitado por el consumo de drogas (Silva et al., 2002).

3.2. CAPACIDAD PREDICTIVA

Hay una importante investigación que señala que el PCL-R es un instrumento eficaz en la predicción de la reincidencia general y violenta, y no sólo en delincuentes encarcelados (Hart, Kropp y Hare, 1988; Serin, Peters y Barbaree, 1990;

Serin y Amos, 1995), sino también en pacientes internados en hospitales psiquiátricos judiciales (Hill et al., 1996) y civiles (Douglas et al., 1997). Ambos estudios emplearon la versión reducida (PCL-SV) de este instrumento.

Los delincuentes sexuales son una población reacia al tratamiento (Quinsey, Harris, Rice y Lalumiere, 1993), pero los psicópatas tienen una mayor probabilidad de reincidir antes y en mayor frecuencia (Quinsey, Rice y Harris, 1995; Rice y Harris, 1997).

En cuanto a las mujeres, la tasa de reincidencia parece semejante a la de los hombres. Zaparniuk y Paris (1995) obtuvieron, dentro de un grupo de 75 mujeres, que las psicópatas reincidieron en un 60% un año después de salir de la cárcel, mientras que las no psicópatas reincidieron en un 25%

4. LA PATOLOGÍA DEL PSICÓPATA

No hay duda de que Adrian Raine es el gran científico de las técnicas de neuroimagen aplicadas a los delincuentes violentos y psicópatas (véase Raine, 1998, 2000). Una primera meta de su trabajo se dirigió a estudiar si los escanogramas cerebrales confirmaban los hallazgos obtenidos a partir de análisis neurológicos y psicológicos anteriores.

En primer lugar, por lo que respecta a la corteza cerebral, tales estudios habían hallado que la violencia se relaciona con un funcionamiento defectuoso del lóbulo frontal y temporal. En segundo lugar, en relación con las estructuras subcorticales, los hallazgos planteaban que la amígdala, el hipocampo y la sustancia gris estaban relacionados con la generación y regulación de la agresión.

En relación con las regiones del córtex, la investigación de Raine parece confirmar los primeros estudios. En un estudio de 1994, Raine y otros compararon mediante la tomografía de emisión de positrones la actividad de la corteza prefrontal de 41 asesinos con 41 sujetos no delincuentes, y halló que los asesinos mostraban una actividad menor en dicha zona del cerebro.

Para Raine, la baja actividad de la corteza prefrontal predispone a la violencia por una serie de razones (Raine, 2000, pp. 65-66): *"En el plano neuropsicológico, un funcionamiento prefrontal reducido puede traducirse en una pérdida de la inhibición o control de estructuras subcorticales, filogenéticamente más primitivas, como la amígdala, que se piensa que está en la base de los sentimientos agresivos. En el plano neurocomportamental se ha visto que lesiones prefrontales se traducen en comportamientos arriesgados, irresponsables, transgresores de las normas, con arranques emocionales y agresivos, que pueden predisponer a actos violentos. En el plano de la personalidad, las lesiones frontales en pacientes neurológicos se asocian con impulsividad, perdida del autocontrol, inmadurez (…) que pueden predisponer a la violencia. En el plano social, la pérdida de flexibilidad intelectual y de las habilidades para resolver problemas, así como la merma de capacidad para usar la información suministrada por indicadores verbales que nacen del mal funcionamiento prefrontal, pueden deteriorar seriamente las habilidades sociales necesarias para plantear soluciones no agresivas a los conflictos. Finalmente, en el plano cognitivo, las lesiones prefrontales causan una reducción de la capacidad de razonar y de pensar que pueden traducirse en fracaso escolar, paro y problemas económicos, predisponiendo así a una forma de vida criminal y violenta (…), [ahora bien] se requiere la existencia de otros factores medioambientales, psicológicos y sociales que potencien o reduzcan esta predisposición biológica".*

En su investigación con los 41 asesinos también analizaron el funcionamiento de otras áreas cerebrales. Así, Raine y otros (1997), relataron los siguientes hallazgos:

1. El giro angular izquierdo (que integra la información proveniente de los lóbulos parietal, temporal y occipital) registra una actividad menor del metabolismo de la glucosa, lo que puede favorecer el fracaso escolar y una posterior conducta violenta.

2. La actividad del cuerpo calloso también era menor en los asesinos. El cuerpo calloso es el conjunto de fibras blancas nerviosas que sirve de nexo de unión entre los hemisferios derecho e izquierdo. Raine opina que esa tasa de actividad inferior facilitaría que el hemisferio izquierdo tendría dificultades en la inhibición de las emociones negativas, las cuales se generan en el hemisferio derecho.

3. Los asesinos mostraron una actividad menor en la región izquierda que en la derecha de regiones subcorticales como la amígdala, el hipocampo y el tálamo.

"La amígdala, el hipocampo y la corteza prefrontal se integran en

el sistema límbico que gobierna la expresión de las emociones, a la vez que el tálamo transmite información desde las estructuras subcorticales límbicas hasta la corteza prefrontal. Asimismo, el hipocampo, la amígdala y el tálamo son de gran importancia para el aprendizaje, la memoria y la atención. Las anormalidades en su funcionamiento pueden, pues, relacionarse tanto con las deficiencias a la hora de dar respuestas condicionadas al miedo como con la incapacidad de aprender de la experiencia, deficiencias éstas que caracterizan a los delincuentes violentos... La amígdala juega además un papel importante en el reconocimiento de los estímulos afectivos y socialmente significativos, por lo que su destrucción se traduce en una carencia de miedo y en una reducción de la excitación autónoma" (Raine, 2000, p. 68).

¿De dónde provienen estas anomalías en el cerebro? Raine especula con la posibilidad de que los malos tratos infantiles causen las lesiones cerebrales: *"Si de forma reiterada un bebé es bruscamente zarandeado, entonces puede que las fibras blancas que ligan su corteza con otras estructuras cerebrales se rompan, dejando el resto del cerebro fuera del control prefrontal"* (Raine, 2000, p. 70).

Esta idea no es baladí. La búsqueda de los orígenes de la psicopatía ha revelado que una proporción significativa de niños que han experimentado un ambiente de crianza caracterizado por el caos y los malos tratos desarrollan posteriormente una vida adulta llena de actos antisociales y delitos. Así, en los últimos años hemos observado que entre los predictores de la psicopatía adulta figuran la ausencia de vínculos afectivos con los padres, la ausencia de la atención materna y el haber tenido un padre con características propias de este trastorno. Esto último puede revelar también la importancia de la herencia en el origen de este trastorno (Simonsen y Birketsmith, 1998)

Pero la hipótesis de los malos tratos cuenta cada vez más con mayores adeptos. Pincus (2003) y su colega Dorothy Lewis relacionan, como hace Raine, las patologìas cerebrales con la psicopatía y el crimen, siendo la violencia que sufre el niño y daña su cerebro el mecanismo que explica esa conexión (ver cuadro 3). Pero mientras que Raine sólo lo plantea como posibilidad, para los autores mencionados es una certeza:

"Según esta teoría (…) el asesinato nace de la interacción del maltrato infantil con las lesiones neurológicas y las enfermedades psiquiátricas. El maltrato genera el impulso violento. Las enfermedades neurológicas y psiquiátricas del cerebro lesionan la capacidad para controlar ese impulso" (19). *"Los criminales más salvajes también son a los que más han maltratado de niños y los que tienen pautas paranoides de pensamiento"* (29). *"…Un maltrato infantil prolongado cambia de forma permanente la anatomía y el funcionamiento del cerebro. Por tanto, el maltrato infantil ha pasado del ámbito de lo puramente sociológico y psicológico a la esfera de lo neurológico. El maltrato puede dañar el cerebro mediante un trauma directo. Y, lo que es más insidioso, altera el desarrollo básico de la anatomía, la fisiología y el funcionamiento del cerebro"* (29). *"La mayor parte de las personas que sufren maltrato no son violentas (…) Pero aún así, hay un gran número de antiguos maltratados que se vuelven violentos y*

peligrosos para la sociedad, por lo que existe correlación entre el maltrato padecido y los posteriores actos violentos" (30). *"Todo el pensamiento nace del cerebro. Si el juicio es defectuoso, probablemente también lo sea el cerebro"* (83) *"Un grotesco abuso sexual y físico es otro elemento constante en los asesinos en serie"* (92). *"Hay muchas causas de lesiones cerebrales: palizas, sacudidas del cuerpo, accidentes automovilísticos… En muchas de estas circunstancias resultan dañados los lóbulos frontales y el funcionamiento ejecutivo que desempeñan".* (94).

Pincus cree que muchas alteraciones infantiles, representativas de lesiones o desajustes cerebrales, no son diagnosticadas a su debido tiempo. Es el caso de importantes alteraciones de conducta o del déficit de atención con hiperactividad. Los padres pueden vivir en situaciones de marginación que les impidan recibir –a ellos y a sus hijos– asistencia médica y social adecuadas. De ahí que concluya que los delincuentes adultos que no presentaban diagnósticos en su infancia de alteraciones mentales *"no tenían por qué ser forzosamente normales"* (94).

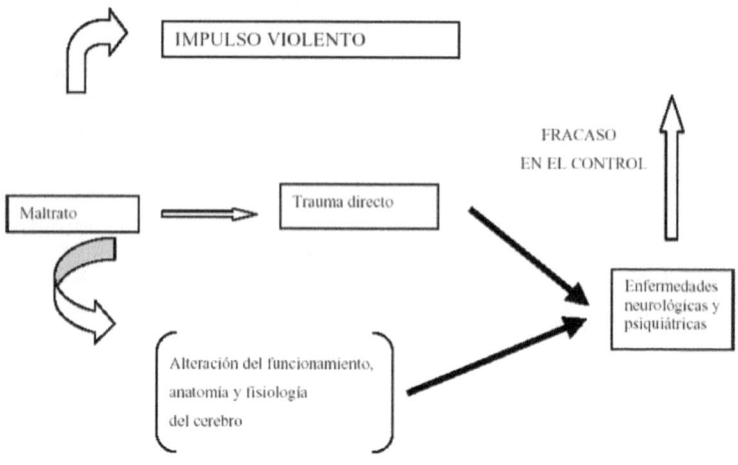

Cuadro 3. El modelo de Pincus y Lewis

Otra vía de investigación muy relevante es la que ha tratado de comprobar en qué medida los psicópatas se ajustan a la clásica descripción de Cleckley (1941/1976) en cuanto al déficit básico que está detrás de este trastorno:

"[Lo característico del psicópata es] *su total incapacidad para comprender emocionalmente los componentes más relevantes del significado o del sentimiento implícitos en los pensamientos que él expresa o en las experiencias en las que se halla inmerso"* (p. 370).

"Al no poder experimentar los sentimientos de sufrimiento o de alegría que se derivan de una vida emocional integrada, el psicópata no aprende de sus experiencias, y no puede por consiguiente modificar y dirigir sus actos como lo hacen las personas sanas. Carece de los impulsos motivacionales que son necesarios para impelirnos a lograr diferentes metas (…) La opinión que mantengo es que no puede conocer los estados emocionales y afectivos

profundos que constituyen la tragedia y el triunfo de la vida ordinaria" (p. 373).

"Mi concepto del funcionamiento del psicópata postula un defecto selectivo que impide integrar determinados componentes esenciales de la experiencia normal, en particular los componentes afectivos que usualmente se concitan en los asuntos personales y sociales más significativos" (p. 374).

De acuerdo con Hare (1991, 1998) y Patrick (2000), entre otros, la investigación reciente de laboratorio apoya la idea de que los pensamientos, las experiencias de la vida y el lenguaje de los psicópatas carecen de profundidad y de afectos. Esa deficiencia en el procesamiento emocional de los estímulos ya se había puesto en evidencia en los estudios realizados en el nivel del sistema nervioso autónomo, analizando el modo en que reaccionan los psicópatas ante situaciones de amenaza o castigo. Las principales conclusiones a las que se ha llegado son que los psicópatas presentan: a) una reducida conductividad dérmica en los momentos previos a un sucesivo aversivo, y b) una escasa capacidad de aprendizaje para evitar estas situaciones, es decir, no aprenden a inhibir las respuestas que posteriormente serán castigadas (Patrick, 2000).

Un método moderno para estudiar las emociones lo diseñó Patrick y otros (1993; Patrick, 2000), comparando a psicópatas y no psicópatas en el sobresalto que mostraban después de escuchar un sonido muy alto y breve mientras estaban viendo imágenes agradables, neutras o desagradables. El sobresalto se medía a través de la potenciación del reflejo de parpadeo. Está ampliamente comprobado que un ruido intenso desagradable provoca un parpadeo más intenso en las personas normales cuando están viendo imágenes molestas, como serpientes, cadáveres, etc. Los sujetos altos en psicopatía no presentaron una potenciación del reflejo mientras veían imágenes desagradables (algo que se espera como consecuencia de un estímulo que debe producir sobresalto o miedo), en contraste con los que puntuaron bajo en psicopatía. Otros estudios han indicado que los psicópatas muestran menor sobresalto frente a escenas donde aparecen víctimas que los no psicópatas, lo que revela de nuevo su menor capacidad de sentir ansiedad frente a estímulos emocionalmente cargados, y el hecho general de que, en el caso de los psicópatas, los estímulos aversivos deben ser más intensos para provocar una actitud defensiva o de miedo. Sin duda este hallazgo general se relaciona con el factor de desapego emocional del constructo de psicopatía (factor 1 del PCL-R).

En la gente normal –razona Patrick (2000)- los estímulos vinculados a experiencias dolorosas del pasado provocan una respuesta defensiva, que inhibe la conducta de aproximación (es decir, la conducta de ir hacia algo), lo que se debe al temor de un nuevo castigo en su persona o en otras. En el caso del psicópata, esa experiencia de castigo anterior ha de ser más intensa para detener el comportamiento de aproximación. Además, a él sólo le importa lo que les puede acaecer a ellos de modo inmediato, una exhibición obvia de fines egoístas. Esto marcaría una diferencia importante con los delincuentes violentos no psicópatas, quienes sí tendrían una mayor capacidad para sentir miedo.

El psicópata primario, el estudiado por Cleckley y medido en lo básico por el factor I del PCL-R (o factores 1 y 2 de la nueva estructura jerárquica propuesta por Cook de tres factores) no tendría miedo, a diferencia del psicópata secundario o delincuente violento convencional (con alta puntuación en el factor 2 y baja en el 1 en el PCL-R), quien mostraría una clara ansiedad e impulsividad como rasgos temperamentales asociados al estilo de vida antisocial. Los psicópatas comparten con el resto de los criminales la impulsividad, pero no la ansiedad. En estos delincuentes, su persistencia en conductas antisociales, a pesar de la ansiedad que sienten, podría estar facilitada por al abuso del alcohol (que interfiere en los procesos cognitivos y en la detección sutil de claves emocionales) u otras disfunciones en la toma de decisiones, quizás por alteraciones en los lóbulos temporal y frontal.

Para mi el resultado más interesante es el que señala que los psicópatas son incapaces (o les resulta muy difícil) de procesar o emplear los significados semánticos profundos del lenguaje; su proceso lingüístico parece ser superficial, de modo tal que las sutilidades del lenguaje se les escapan (Intrator y otros, 1997; Williamson, Harpur y Hare, 1991).

Además, la investigación con imágenes cerebrales añade peso a la evidencia de que los psicópatas no aprecian el significado emocional de un evento o experiencia (Khiel y otros, citado en Hare, 2000). En un estudio, psicópatas y no psicópatas debían memorizar palabras neutras y palabras con un fuerte contenido emocional. Los investigadores medían la actividad cerebral de la corteza frontal, ventromedial y dorsolateral con la ayuda de la resonancia magnética funciona. El resultado fue que los no psicópatas exhibían mayor actividad emocional durante el procesamiento de palabras con carga emocional en varias regiones del sistema límbico, incluyendo la amígdala, y el cíngulo, regiones muy conectadas con la corteza cerebral.

Dice Hare (2000, p.48): *"El hecho de que el córtex frontal ventromedial y los mecanismos límbicos asociados no funcionen debidamente podría explicar la aparente incapacidad de los psicópatas para experimentar emociones profundas y para procesar eficazmente información de carácter emocional".*

En otro estudio, Smith y otros (1999) utilizaron un test sencillo que implicaba dos tareas. En la primera, el sujeto tenía que pulsar un botón cuando apareciera en una serie de letras la letra X. Posteriormente, el sujeto tenía que inhibir esa respuesta; y tenía que pulsar cuando apareciera cualquier letra menos la X. Los no psicópatas registraron un aumento de la actividad cortical frontal dorsolateral, pero los psicópatas no mostraron ningún incremento de actividad cortical durante la inhibición de la respuesta. Esto podría significar que en situaciones de la vida real los psicópatas tuvieran dificultades para realizar decisiones que tendrían que evitarse, debido a las consecuencias negativas para ellos mismos (cárcel) y para los otros en forma de violencia depredadora. La causa estaría en una disfunción en la corteza frontal ventromedial (integración cognitivo–afectiva) y en la corteza frontal dorsolateral (inhibición de la respuesta y/o con una comunicación ineficaz entre éstas y otras regiones del cerebro). *"Para ellos, los 'frenos' emocionales del comportamiento (es decir, la conciencia) son débiles, y esto les permite cometer actos depredadores y violentos sin ningún escrúpulo"* (Hare, 2000, p. 49)

En resumen, los psicópatas son superficiales en el plano semántico y emocional. Ahora bien, ¿por qué no se observan esas deficiencias en el contacto diario con ellos? En opinión de Hare, por su encanto superficial, su contacto ocular y sus gestos: prestamos más atención a cómo dicen las cosas que a lo que dicen.

Si, como dice Damasio (1994), la emoción es una parte esencial de nuestro pensamiento, de nuestro razonamiento, también lo es de nuestra conciencia, ya que las emociones juegan un papel esencial en la inhibición de impulsos violentos, y también contribuye a motivar y guiar la conducta prosocial. De ahí que sea legítimo concluir que los psicópatas tienen una conciencia poco desarrollada, formada únicamente por un conocimiento superficial de las reglas (véase ejemplos en Garrido, 2000).

5. EL TRATAMIENTO DEL PSICÓPATA

Wong (1998, 2000) señala que todavía no contamos con una mínima investigación bien diseñada que permita extraer conclusiones acerca del tratamiento de los psicópatas, y que en lugar de preguntar si 'es posible tratar con éxito a los psicópatas' tiene mucho más sentido preguntarse si los psicópatas responden a los tratamientos que hemos intentando hasta la fecha.

Tanto los delincuentes adultos psicópatas como los delincuentes juveniles con psicopatía reinciden más y con anterioridad que los jóvenes sin este trastorno, pero de nuevo es imposible –hasta ahora– contestar a la pregunta de si un buen diseño de tratamiento ha tenido éxito o no con esta población.

En fin, para contestar a la pregunta que según Wong hemos de hacernos, en el sentido de si los psicópatas 'responden a los tratamientos que hemos intentado hasta la fecha', la conclusión tendría que ser que no: hasta ahora no tenemos un solo estudio metodológicamente irreprochable que demuestre que disponemos de un método eficaz para tratar a los psicópatas, ya sean éstos jóvenes o adultos. Es por ello que parece lo más sensato dedicar el resto del capítulo a considerar cuáles son las propuestas más relevantes que se realizan en la investigación actual para intentar subsanar en el futuro toda esta precariedad empírica que rodea el tópico del tratamiento de los psicópatas

5.1. LAS PRESCRIPCIONES DE HARE

En páginas anteriores nos ocupábamos de señalar la dificultad añadida que supone para el tratamiento de delincuentes violentos el peso negativo de la etiqueta de 'psicópata'. Hare (1998) ha discutido este punto, y reconoce que muchos internos, al conocer que son etiquetados de este modo, pueden construir una imagen desesperanzada de sus posibilidades de progreso en el sistema penitenciario en la creencia de que las autoridades no les van a creer en sus progresos. Pero también señala el riesgo opuesto: en ocasiones, debido a que no han sido convenientemente detectados, o a que se les ha considerado delincuentes 'normales', sin dar mucha importancia a su diagnóstico, han participado en programas que no fueron pensados para este tipo de personalidad. Como resultado, escribe Hare (1998, p.202), *"muchos psicópatas participan en muchos programas de tratamiento ofrecidos por la prisión, muestran su mejor cara, manifiestan un 'progreso remarcable', convencen a los terapeutas y al comité de libertad condicional de que se han reformado y son consecuentemente liberados"*. De ahí que concluya que *"sería mejor para todos si nos dedicáramos a desarrollar programas específicos para tratar a los psicópatas"* (203)[1].

5.2. LAS PRESCRIPCIONES DE LÖSEL

Lösel (1996, 1998, 2000) se ha ocupado de analizar cómo tendrían que ser esos programas específicos, y en general plantea que deberían ceñirse a lo que sabemos actualmente sobre el tratamiento de los delincuentes en general y los psicópatas en particular. Entre sus prescripciones más importantes figuran las siguientes seguir un tratamiento intensivo; diseñar un ambiente estructurado y positivo;

---

1. Finalmente, no sólo los internos, sino que muchas veces los profesionales o la gente común manifiesta un rechazo al término "psicópata". Sin embargo, como dice Prins (2001), un mero cambio de nombre desde el más malévolo de 'trastorno psicopático', a uno mucho más eufemístico, es altamente improbable que suponga una diferencia relevante a la hora de modificar las reacciones emocionales negativas que provocan los sujetos que manifiestan esta condición en los que trabajan con ellos.

asegurar la integridad del programa; neutralizar las redes sociales y grupos de apoyo antisociales y enfatizar la importancia de la prevención temprana, antes de que se consolide la personalidad psicopática. Nosotros queremos destacar otra recomendación que plantea Lösel: el ajustar el programa a las necesidades de cambio del individuo (principio de las necesidades criminógenas. Aquí no es buena idea desarrollar en él la conciencia y la empatía sino, en su lugar, *"fomentar los comportamientos no criminales mediante el uso de recompensas y castigos; aumentar la demora de la gratificación; reducir las distorsiones cognitivas que favorecen el comportamiento criminal y fomentar los inhibidores del mismo; enseñarles a controlar sus impulsos y resolver los problemas de manera prosocial; reducir su dependencia del alcohol y las drogas; enseñarles a imitar modelos atractivos prosociales, y reforzar el seguimiento y supervisión en la familia y en el entorno cotidiano"* (Lösel, 2000, p. 257).

Esta opinión de Lösel coincide en realidad con una anterior. Tennent y otros (1993) preguntaron a psiquiatras, psicólogos forenses y oficiales de probation si pensaban que los psicópatas podían ser tratados con éxito. El resultado de la encuesta reveló que los profesionales se sentían capaces de remediar síntomas tales como *"antisocialidad crónica"*, *"anormalmente agresivo"* y *"ausencia de autocontrol"*; pero en el caso de items como *"ausencia de sentimiento de culpa"*, *"ausencia de remordimientos"* y *"egocentrismo patológico"*, las expectativas eran mucho peores (que son las cualidades de la personalidad recogidas en el factor 1 del PCL-R).

6. REFERENCIAS BIBLIOGRÁFICAS

Andrews, D.A., Bonta, J. y Hoge, R. (1990). The psychology of criminal conduct. Cincinnati: Anderson Publishing.

Cleckley, H.M. (1941/1976). The mask of sanity. St. Louis, MO: Mosby.

Defensor del Pueblo (2002). Informe sobre la aplicación de la vigente Ley Orgánica de Responsabilidad Penal del Menor. Madrid (informe no publicado).

Esteban, C., Garrido, V. y Molero, C. (1996). Cuando la emoción es un problema: un estudio meta-analítico de la eficacia de los tratamientos con sujetos diagnosticados como psicópatas. Ansiedad y Estrés, 2, 55-68.

Forth, A.E., y Mailloux, D.L. (2000). Psychopathy in youth: What do we know?. En Carl B. Gacono (Ed.), The clinical and forensic assessment of psychopathy: A practitioner's guide (pp. 25-54). Mahwah, N.J.

Garrido, V. (2000). El psicópata. Alzira: Algar editorial.

Garrido, V., Stangeland, P. Y Redondo, S. (2001). Principios de Criminología (2ª ed.). Valencia: Tirant Lo Blanch.

Gunn, J. (1998). Psychopathy: An elusive concept with moral overtones. En Theodore Millon, E. Simonsen, M. Birketsmith y R. D. Davis (Eds.), Pscyhopathy. Antisocial, criminal and violent behavior (pp.32-39). N.Y.: The Guilford Press.

Hare, R.D. (1993). Without conscience. Nueva York: Pocket Books.

Hare, R.D. (1998). Psychopaths and their nature:

Implications for the mental health and criminal justice systems. En Theodore Millon, E. Simonsen, M. Birketsmith y R. D. Davis (Eds.), Pscyhopathy. Antisocial, criminal and violent behavior (pp. 188-212). N.Y.: The Guilford Press.

Harris, G.T., Rice, M.E., y Lalumière, L.(2001). Criminal Violence. The roles of psychopathy, neurodevelopmental insults and antisocial parenting. Criminal Justice & Behavior, 28, 402-426.

Lösel, F. (1996). Management of psychopaths. En D. J. Cooke, A.E. Forth, J. Newman y R.D. Hare (Eds.), International perspectives on psychopathy. Issues in Criminological and Legal Psychology, n° 24, pp. 100-106.

Lösel, F. (1998). Treatment and management of psychopaths. En D.J. Cooke, A.E. Forth y R.D. Hare (Eds.), Psychopathy: Theory, research and implications for society (pp. 303-354). Dordrecht: Kluwer Academic.

Lösel, F. (2000). ¿Existe un tratamiento para la psicopatía? Qué sabemos y qué deberíamos saber. En A. Raine y J. Sanmartín, Violencia y psicopatía (pp. 235-272). Barcelona: Ariel.

Maddocks, P.D. (1970). A five year follow-up of untreated psychopaths. Bristish Journal of Psychiatry, 116, 511-515.

McCord, W., y McCord. J. (1964). The psychopath: An essay on the criminal mind. Princeton, N.J.: Van Nostrand.

Ogglof, J.R.P., Wong, S. y Greenwood, A. (1990). Treating criminal psychopaths in a therapeutic community programme. Behavioural Sciences ant the Law, 8, 181-190.

Raine, A., y Sanmartín, J. (2000). Violencia y psicopatía. Barcelona: Ariel.

Prochaska, J, y DiClemente, C. (1986). Toward a comprehensive model of change. En W.R. Miller y N. Heather (Eds.), Treating addictive behaviors: Process of change. N.Y.: Plenum.

Rice, M.E., Harris, G.T. y Cormier, C. (1992). An evaluation of a maximum security therapeutic community for psychopaths and other mentally disordered offenders. Law and Human Behaviour, 16, 399-412.

Sanchís, J.R., y Soler, C. (1997). Drogas y delincuencia: un dragón con dos cabezas. En V.

Simonsen, E. y. Birketsmith, M. (1998). Preface. En Theodore Millon, E. Simonsen, M. Birketsmith y R. D. Davis (Eds.), Pscyhopathy. Antisocial, criminal and violent behavior (pp. vii-ix). N.Y.: The Guilford Press.

Wong, S (1998). Treatment outcome of psychopaths: A review of the literature (manuscrito no publicado).

Wong, S. (2000). Psychopathic offenders. En S. Hodgins y R.M. Isberner (Eds.), Violence, Crime and Mentally disorderer offenders (pp. 87-112). Chichester, Wiley. 2000.

La psicopatía. Estudio del caso Manson

JOSÉ LUIS ALBA ROBLES Y VICENTE GARRIDO. UNIVERSIDAD DE VALENCIA.

Dentro de los trastornos de personalidad, la psicopatía constituye el trastorno más genuinamente contrario a la naturaleza humana: la maldad y el horror en las relaciones sociales. En numerosas ocasiones, los delitos de los psicópatas son tan incomprensibles y moralmente repugnantes que sus actos nos llevan a plantearnos si son sujetos cuerdos o por el contrario representan la viva encarnación del mal. Y es que a pesar de que el número de asesinos en serie es muy escaso (Hare, 1993), el cine y los medios de comunicación nos han ofrecido una visión, normalmente distorsionada por el sensacionalismo con que son tratados, del psicópata como un depredador humano, con una importante patología relacional. Estas características del agresor sistemático producen una importante alarma social, lo que ha llevado a que numerosos científicos se centren en el estudio de este tipo de individuos que destruyen la vida.

El término psicópata comenzó a utilizarse con la aparición del libro The mask of sanity, de Hervey Cleckley, publicado en 1941. Desde entonces, el término psicópata hace referencia a un constructo teórico con características de personalidad muy definidas y que lo diferencian del delincuente común: aquel que viene diagnosticado como antisocial según los manuales de clasificación de los trastornos mentales (veáse DSM-IV e ICD-10).

Así, el término psicópata, a pesar de que su clasificación oficial es la de trastorno antisocial de la personalidad, presenta una serie de rasgos y características que conforman un subgrupo diferenciado dentro del concepto más amplio de la antisocialidad, y cuyas características ya han sido descritas en un capítulo de este libro.

De este modo, los psicópatas son sujetos donde observaremos características como la irresponsabilidad, la deshonestidad, la insensibilidad emocional, la crueldad y falta de remordimiento hacia sus actos. En otras ocasiones, los rasgos de conducta son más sibilinos y aparecen en forma de manipulación, encanto superficial, etc.. comportamientos que nos llevan a confusión sobre la auténtica maldad de sus intenciones. Y es que estas características tan hábiles y aceptadas socialmente sólo son un arma social para conseguir sus propósitos. El psicópata ha aprendido las normas del juego para poder acercarse a su presa y expoliarla, matarla o vejarla, según sus necesidades. Lo que sí es cierto, es que para el psicópata las relaciones humanas no son necesarias, sólo tienen utilidad en la medida en la que se puede obtener algún beneficio de ellas. De ahí surge la necesidad de aprender las normas de interacción social, pues es la propia sociedad la que nutre sus deseos de maldad.

Si bien la clasificación oficial no nos permite hablar de psicopatía hasta la edad de 18 años, es obvio que el psicópata no se hace de la noche a la mañana. Existe un comportamiento pre-psicopático que nos anuncia la consolidación de patrones de conducta y rasgos de personalidad propios de sujetos psicópatas. Estas características y patrones conductuales comienzan a manifestarse muy pronto a lo largo de todo el proceso evolutivo del joven y la investigación ha sido capaz de señalar aquellos indicadores que nos permiten predecir de una manera altamente probabilística aquellos sujetos que serán adultos psicópatas (Hare y Frick, 1994).

2. CHARLES MANSON O EL PODER DE LA MANIPULACIÓN

Durante el verano de 1969, una oleada de crímenes conmocionó a la ciudad de Los Angeles. Entre el 27 de julio y el 9 de agosto se cometieron un total siete asesinatos en la zona norte de la ciudad, lugar de residencia escogido por numerosas estrellas de cine para fijar su residencia. Bel Air, Beverly Hills y Benedict Canyon eran lujosos barrios que atraían a un importante grupo de personas relacionadas con la industria cinematográfica. Entres estas personas se encontraban el director de cine polaco Roman Polanski y su esposa, la entonces emergente actriz Sharon Tate, de 26 años.

El primero de los asesinatos fue cometido el 27 de julio de ese año. Tres personas se dirigieron a casa de Gary Hinman, un músico de 34 años, al cual pretendían cobrar una deuda, y tras discutir dos horas con él, uno de los tres hombres perdió la calma y le asestó un golpe con la pistola, dejándole inconsciente. Tras una llamada, Charles Manson, el líder de una comuna a la que se denominó posteriormente "La Familia Manson" y a la que pertenecían estos hombres, acudió al lugar acompañado de otro hombre. Tras interrogar insistentemente a Gary con la finalidad de averiguar donde se escondía el dinero y ante la resistencia de éste, Manson empuñó una espada que utilizó para cortarle la oreja a la víctima. Posteriormente, Manson ordenó a su grupo que averiguaran donde se encontraba el dinero y que trasladaran a Gary hasta el rancho donde residía todo el grupo.

Estuvieron toda la noche registrando la casa pero no consiguieron acceder al dinero. Ante un nuevo intento de huída por parte de la víctima, Bobby Beausoleil, uno de los hombres de Manson, apuñaló a Hynman dos veces en el pecho dejando que se desangrara antes de morir. Posteriormente borraron todas las huellas dactilares y uno de los hombres, con un dedo empapado de la sangre de Gary Hinman, garabateó en la pared "Politic Pig"(cerdo político) junto con la señal tosca de una garra de gato, simbolizando a "los panteras negras" (Black panthers).

Cerraron todas las puertas con llave y decidieron cubrir a Hinman. Cogieron el coche de regreso al rancho Spahn, lugar de residencia del grupo de Manson, pero en el camino pararon para tomar una taza de café y unos dulces. ¿Hay algo mejor que una taza de café después haber trabajado toda la noche?

El siguiente de los asesinatos no tardaría en producirse. Así, tres semanas después, el 8 de agosto, tres mujeres y un hombre pararon su coche frente al número 10050 de Cielo Drive, en Hollywood. Era la residencia de la actriz Sharon Tate y el director de cine Roman Polanski. Tex watson, el hombre del grupo, ya había estado allí anteriormente y conocía la mansión. Tras cortar los cables de teléfono que conectaban la mansión con el exterior, los cuatro saltaron la verja de seguridad y entraron en la casa. Llevaban ropa de repuesto, varios cuchillos y el revólver de la "familia" (una Buntline Especial del 22).

Cuando se disponían a entrar en el interior de la casa, un coche salía en ese preciso momento. Era un joven de 18 años. Tex, el hombre del grupo introdujo el revolver por la ventanilla del coche y disparó cuatro veces al pecho de joven.

Tras romper una cristalera para entrar en el recinto y mientras Linda, una de las chicas, vigilaba desde el exterior, los otros tres encontraron a Voytek Frykowsky, un playboy de 32 años, amigo de la familia Polanski, durmiendo en un sofá. Cuando despertó observó el revolver frente a su cara. Fue atado con una toalla mientras iban explorando el resto de la casa. En ese momento se encontraban también dentro de la casa Jay Sebring, famoso peluquero de Hollywood de 35 años, Abigail Anne Folger, de 25 años y heredera de una gran fortuna de los negocios del café, así como la propia Sharon Tate, por entonces embarazada de ocho meses.

Todos murieron apuñalados por Tex y con la ayuda de las chicas de la "Familia Manson". Frykowski fue encontrado con 51 puñaladas. Abigail Folger fue apuñalada varias veces tras cortarle el cuello. Jay Sebring, el osado peluquero que suplicó por la vida de Sharon Tate, fue apuñalado cuatro veces por Tex.

Finalmente, Sharon Tate, todavía ilesa y sin vigilancia intentó escapar. La respuesta de los asesinos fue inmediata. Mientras las mujeres la sujetaban, Tex, el cabecilla del grupo, la apuñaló hasta morir.

También en esta ocasión, y con la sangre de Saron Tate, Sadie,una de las chicas del grupo dibujó en la pared la palabra "pig" (cerdo).

Más tarde, Charles Manson y otros miembros del grupo volvieron a la casa con la finalidad de limpiar cualquier huella que pudieron dejar durante los forcejeos y volvieron al rancho Spahn para dormir plácidamente.

En esta ocasión, no esperaron mucho tiempo para cometer un nuevo asesinato. Fue la noche siguiente, la del 9 de agosto cuando asesinaron al matrimonio Labianca. Los Labianca eran unos ricos y prósperos hombres de negocios. Por eso, también en esta ocasión, "la familia Manson" pretendía obtener dinero.

Cuando entraron en la casa encontraron al señor Labianca en pijama. Tras pedirles dinero, la pareja Labianca accedió y el grupo se marchó. Estos se sintieron aliviados pero por poco tiempo. Unos minutos después, dos de las chicas entraron de nuevo en la casa, cogieron un cuchillo de la cocina y un tenedor de trinchar y obligaron a la señora Labianca a ponerse bocabajo en la cama, tapándole el rostro con una funda de almohada.

De nuevo Tex, fue el encargado de retirar al señor Labianca el pijama asestándole cuatro puñaladas en el cuello. Tras un momento en que el cuchillo permaneció en la herida olvidado, Tex lo volvió a apuñalar repetidas veces; cubrió al señor Labianca con otra funda de almohada, hasta que éste murió axfisiado y desangrado.

La señora Labianca no corrió mejor suerte, pero en esta ocasión son dos de las chicas las encargadas de asesinarla. Leslie sujetó a la señora Labianca mientras Katie se encargaba de su apuñalamiento. El ruido producido por el asesinato de ésta alertó a Tex, el cual haciendo gala de nuevo de su crueldad y ensañamiento, le llegaron a asestar hasta 41 puñaladas entre ambos. Además, Tex grabó en el vientre del señor Labianca la palabra "War" (guerra).Usando la sangre de la señora Labianca, alguien puso en la pared "Death to pigs muerte a los cerdos) y algunas otras inscripciones.

2.1 LA INVESTIGACIÓN POLICIAL Y EL JUICIO

A pesar de que los asesinatos poseían elementos comunes (pintadas con sangre en la pared con las mismas palabras, "cerdos") la policía no encontró conexión entre los diferentes asesinatos. Cada uno de los diferentes crímenes parecía carecer de un móvil racional.

Tras la detención de Bobby Beausoleil como presunto

autor del asesinato de Gary Hinman, el primero de los tres cometidos por la familia Manson, la policía seguía sin poder establecer una conexión clara entre el resto de los crímenes. Fue el hecho de que se cometiera el asesinato en la mansión de Sharon Tate posteriormente a la detención de éste lo que alertó a la policía. La custodia de Bobby indicaba que éste no había estado sólo en el asesinato del músico. Bobby mantenía frecuentes relaciones con un extraño grupo de hippies del rancho Spahn, propiedad de Charles Manson.

Sin embargo, la existencia de un superviviente en la mansión de Sharon Tate, el joven guarda que vivía en una casa situada en la parte posterior del jardín, así como la ausencia de Polanski de la mansión, y sobre todo, el contenido siniestro de sus películas, con argumentos similares a los acontecidos en su casa, impedían que la policía avanzase en la investigación.

Una redada realizada en el rancho Spahn para realizar una búsqueda de drogas y tarjetas de crédito robadas, finalizó con la detención de 24 miembros de la familia Manson. La confesión posterior de una de las detenidas a su compañera de celda sobre los asesinatos puso a la policía en la pista de la relación de los tres crímenes.

El juicio de Manson comenzó el 15 de Julio de 1970 y tuvo una duración de nueve meses y medio. Durante todo el jucio, Manson presentó un comportamiento extravagante, escribiendo mensajes mecanografiados. "Me he inmunizado contra vuestra sociedad" y repartiéndolos entre los asistentes. Un grupo de fieles seguidoras intentaban boicotear el proceso judicial rapándose la cabeza y cantando canciones para elogiar a su líder. Hubo una ocasión en que Manson se levantó del banquillo y se abalanzó contra el juez amenazándole con cortarle la cabeza. En la acusación participaron algunas de las chicas de su gran "familia", pero sobre todo, el tan temido y cruel Tex Watson confesó la manipulación ejercida por Manson a la hora de empujarles a cometer crímenes. Finalmente, Manson y tres de sus seguidoras, Atkins, Kremwinkel y Van Houten fueron sentenciados a la pena de muerte. Sin embargo, nunca fueron ejecutados con esta pena, ya que el 16 de febrero de 1972, California revocó la pena de muerte.

2.2 LA FAMILIA MANSON

Manson y un grupo de seguidores formaron una comuna en el rancho Spahn, propiedad de un octogenario, en pleno desierto californiano. En ocasiones, al rancho Barker, situado en Panamint Valley constituía una segunda residencia. La familia Manson era un grupo cambiante y disperso, pero con un promedio de unos 30 o 35 acólitos. Tres cuartas partes de ellos eran mujeres y niños. Aquellos que habían estado bajo la influencia de Manson durante años y que eran sus más fieles seguidores, fueron los encargados de cometer los atroces asesinatos.

Charles Milles Manson, un delincuente habitual, salió de prisión el 21 de marzo de 1967, a la edad de 32 años. Cuando regresó al mundo exterior, se encontró con una sociedad cambiante, donde las consignas pregonadas eran la paz y el amor. Era la época hippy de los años 60, y en california se vivió con especial intensidad. Para Manson, esta era la sociedad ideal, donde los jóvenes desafiaban a la autoridad, se ponía en duda el sistema, y sobre todo, había un elevado número de jovencitas que se enfrentaban y abandonaban a sus familias. Manson intentó adaptarse a esta contra cultura social y comenzó a mantener relaciones sexuales con jovencitas de clase media, inmaduras y fácilmente vulnerables. El sexo y las drogas, en concreto el LSD, fueron sus dos formas de acercarse a este nuevo mundo de sensaciones que aparecía ante sus ojos. Se convirtió en el principal administrador de LSD del grupo, aunque con la finalidad de controlar la situación, siempre consumía una cantidad menor. De esta manera, y con la reclusión de mujeres de clase media en un principio (sólo una mujer de la familia poseía antecedentes penales) Manson conformó una familia, donde había 3 mujeres por cada hombre. Manson era el nuevo gurú, el gobernante supremo del grupo y ahí comenzó su capacidad de influencia en todos sus miembros, con el propósito de conseguir una total adhesión de éstos. Mantuvo también contactos con un miembro del famoso grupo Beach Boys, ya que intentó, de manera nula, conseguir éxito en la música. A mediados de 1968, la familia Manson estaba ya casi completa. Necesitaban otros medios de transporte y comenzaron a vivir en chozas en Topanonga canyon, debido al rápido crecimiento de nuevas incorporaciones a la comuna. Aquellos jóvenes de clase media que se incorporaron inicialmente a la comuna comenzaban a convertirse en jóvenes marginados, malnutridos y sus vidas comenzaban a ser primitivas y casi salvajes. Los contenedores eran su principal fuente de alimento.

2.3 LA INFANCIA DE MANSON

Charles Milles Manson nació el 11 ó 12 de noviembre de 1934. Su madre fue incapaz de recordar la fecha exacta. Su madre, una mujer con una personalidad dependiente e inestable tuvo a Manson a la edad de 16 años. Su juventud impidió que pudiera hacerse cargo de manera competente de su hijo. Además su esposo, los abandonó antes de que Manson naciera.. Así, Manson, fue abandonado sistemáticamente entre los diferentes familiares que conformaban la familia extensa de la madre. Sus abuelos se hicieron cargo del niño mientras su madre y su tío cometían robos en gasolineras etc. Finalmente, su madre fue detenida y encarcelada. Manson permaneció con sus abuelos maternos hasta que decidió irse a vivir con una tía.

La madre de Manson, una vez en el exterior, volvió a por su hijo. Juntos emprendieron una vida nómada juntos, rozando siempre un estilo de vida criminal hasta que su madre encontró a un nuevo hombre. Ante la indiferencia de su nueva pareja por el niño, la madre de Manson lo abandonó de nuevo en un hogar para niños. De este modo, la vida de Manson se convirtió en un ir y venir de reformatorios y hogares tutelados, cometiendo numerosos delitos como el robo de coches y comida, quebrando continuamente la libertad condicional e intentando sobrellevar el sadismo dominante en este tipo de instituciones. Esto provocó un enfado crónico y un resentimiento en la persona de Manson que no le abandonó nunca en su vida adulta, convirtiéndose en un joven adulto resentido con la sociedad y dispuesto a vengarse de todos los males que esta injusta sociedad le había hecho.

A partir de los 16 años, Manson pasó por numerosos reformatorios, hasta que fue puesto en libertad y bajo la tutela de unos tíos. Posteriormente conoció a la que iba a ser su primera mujer y con la que se casó en 1955. Aunque Manson hizo verdaderos esfuerzos por llevar una vida ordenada en su matrimonio, la influencia de una persona mayor que él y el robo de un vehículo para éste, le condujo a su ocaso. Fue detenido y encarcelado durante cinco años. Más tarde, tras cometer un delito al pasar con dos chicas por la frontera del estado y por intentar pasar un cheque falso, fue nuevamente perseguido. Se escapó a Méjico, pero fue finalmente capturado. En esta ocasión , su condena duró 10 años en Terminal Island, donde permaneció hasta los 32 años, momento en que inicia la formación de su nueva "familia" en el rancho Spahn.

En la actualidad, Manson y el resto de los asesinos cumplen condena en diferentes cárceles californianas. El comportamiento en prisión de Manson ha sido problemático durante estos años y en ocasiones ha sido aislado en celdas de castigo. La libertad condicional es impensable para él. Si embargo, para alguna de las acusadas es posible de la libertad condicional próximamente.

2.4 EVALUACIÓN Y RASGOS DE LA PSICOPATÍA EN MANSON

Cuando pretendemos establecer cuales son los rasgos de personalidad que definen a un psicópata nos encontramos con un problema diagnóstico. La psicopatía ha sido vinculada históricamente con connotaciones asociales y antisociales. Esto ha contribuido a la identificación de este trastorno con la delincuencia habitual, lo que le ha supuesto una mayor ligazón con las conductas antisociales y antinormativas en detrimento de los rasgos asociales o disposiciones de la personalidad (López-Latorre, 2002).

En la actualidad, la psicopatía viene incorporada dentro del trastorno antisocial de la personalidad según el DSM-IV, donde tienen cabida tanto los psicópatas como los delincuentes multirreincidentes y donde se prima especialmente el carácter ilegal de la personalidad antisocial.

Si embargo, el trastorno antisocial de la personalidad no recoge adecuadmente los conceptos clínicos de psicopatía, en los cuales las inferencias acerca de la ausencia de capacidad para establecer vínculos afectivos estables y duraderos, el fracaso para aprender de la experiencia y del castigo, y las características como egoísmo e insensibilidad han jugado un papel importante. Los criterios del DSM excluyen, o al menos no las incluyen explícitamente, algunas de estas características (v.g., egoísmo, egocentrismo, crueldad, afán manipulador) por lo que presentan una ruptura demasiado radical con la tradición clínica.

Para solucionar este problema, Robert Hare ha creado un

instrumento de evaluación de la psicopatía, el Psychopathic Checklist o PCL-R, que valora las facetas desviadas del psicópata, tanto desde el punto de vista afectivo e interpersonal como social, y que ha probado ser de gran utilidad y precisión en la identificación de estos sujetos. Este cuestionario incluye dos tipos de constelaciones de rasgos o dimensiones. La primera incluye el área emocional o interpersonal, es decir, el conjunto de atributos que permiten que el sujeto se desentiende de su faceta más estrictamente humana (egocentrismo, manipulación, mentira y crueldad). La segunda constelación de rasgos nos remite a un estilo de vida antisocial, agresivo, donde lo importante es sentir tensión, excitación, sin más horizonte que el actuar impulsivo y dictado por el capricho o los arrebatos (López-Latorre, 2002)

Así pues, hay un consenso importante a la hora de plantear la psicopatía como un constructo que incluye tanto un componente de personalidad como otro conductual, lo cual es justamente lo que se evalúa con el PCL-R (factores 1 y 2, respectivamente).

FACTOR 1	FACTOR 2	ÍTEMS ADICIONALES
Encanto superficial y locuacidad	Búsqueda de sensaciones	
Sentimiento de grandiosidad personal	Estilo de vida parásito	
Mentira patológica	Falta de autocontrol	Conducta sexual promiscua
Manipulación	Problemas de conducta precoces	
Falta de sentimientos de culpa y de arrepentimiento	Sin metas realistas	Muchas relaciones maritales breves
Emociones superficiales	Impulsividad	Versatilidad delictiva
Insensibilidad/falta de empatía	Irresponsabilidad	
Incapaz de reconocer la responsabilidad de sus actos	Delincuencia juvenil	
	Revocación de la libertad condicional	

Manson era un hombre capaz de seducir mujeres jóvenes y bellas con el propósito de establecer relaciones sexuales continuas con ellas. Aprovechó la agitada contracultura social de la época con el objetivo de conseguir adeptas para sus fines de creación de un comuna. Esto requiere de un gran poder de manipulación y fascinación. Además, el hecho de que fuera capaz de realizar determinadas disertaciones sobre la cultura y la sociedad atraía a un gran número de personas que tenían una personalidad vulnerable y que buscaban a alguien que les guiara en medio del caos que se estaba generando como resultado del cuestionamiento de todo el sistema social vigente. Manson no hizo otra cosa que aprovechar la gran convulsión del momento para conseguir su propósito, tener un grupo de mujeres sexualmente activas, algo que se ajustaba en parte a su idea de las relaciones sexuales como rasgo definitorio de su personalidad psicopática. De esta manera, se convirtió en una especie de gurú ,de guía espiritual para muchas personas.

Por otro lado, Manson se sentía el centro del universo cuando desafiaba a la justicia. Él creía ser el poseedor de la verdad absoluta, llegando a afirmar que se regía por sus propias normas y proclamando su distanciamiento de la sociedad que le juzgaba por unos crímenes atroces:" Me he inmunizado contra vuestra sociedad" rezaba en un papel mecanografiado y que repartió durante el juicio.

Manson nunca sintió remordimiento por los hechos o sentimiento de culpa alguno, más bien todo lo contrario. Su discurso fue en todo momento autoexculpatorio, expresando una ira y enfado crónicos como consecuencia de los males y adversidades pasadas en su infancia. Y es que alguien tenía que pagar el desapego y la negligencia de sus padres. También era necesario que la sociedad pagara el maltrato sufrido en las diferentes instituciones en que fue internado durante su infancia y adolescencia.

De este modo, la falta de empatía demostrada en la crueldad de los asesinatos, junto al egocentrismo, el encanto y poder de persuasión manifestado durante todo su "reinado",le convirtieron en un manipulador excelente , consiguiendo crear un grupo de adeptos que eran capaces de cometer asesinatos, robos, y actos antisociales diversos con tan sólo una orden del ser supremo.

La violencia filio-parental en hijos e hijas adolescentes con rasgos de psicopatía

CONCEPCIÓN AROCA MONTOLÍO Y JOSÉ LUIS ALBA ROBLES.
UNIVERSIDAD DE VALENCIA.

El término de violencia filio-parental nos remite al ordenamiento jurídico en cuyo Código Penal aparezca el supuesto de violencia en el ámbito familiar, por lo cual el fenómeno de violencia filio-parental entraría a formar parte de un tipo de maltrato. De ese modo, además de la violencia ejercida contra los hijos y contra la pareja, encontramos la ejercida contra los progenitores. Vamos a exponer los resultados obtenidos tras la revisión de investigaciones sobre la violencia filio-parental[1] donde el agresor es un niño o adolescente y donde la víctima está jurídicamente obligada

---

1. En este artículo utilizaremos indistintamente los términos: violencia filio-parental, violencia a ascendientes, maltrato filial, hijos maltratadores y padres/progenitores maltratados.

al cuidado y educación de su agresor hasta su mayoría de edad. Nuestro objetivo principal es saber en qué consiste este tipo de violencia, el ciclo de violencia filio-parental que aparece, las características de los hijos e hijas maltratadores y de sus contextos familiares. Estas cuestiones las intentaremos responder a partir del sustento científico que la escasa y, en demasiadas ocasiones, dispar evidencia empírica nos aportan desde disciplinas como la Psicología, Pedagogía y Criminología principalmente, porque pensamos que toda actividad humana, violenta o no, debe ser explicada desde distintos principios teóricos, paradigmas y desde diversos factores.

1. INTRODUCCIÓN

Tradicionalmente, el estudio científico de la violencia dentro del contexto familiar había recibido una escasa atención por parte de los diferentes operadores sociales encargados de su prevención, ya que frecuentemente fue encubierta por las víctimas y desmentida por los agresores. Sin embargo, el hogar puede ser el escenario donde se produce más violencia en nuestra sociedad a lo largo del ciclo vital, tal y como han demostrado diversas investigaciones (Alba, 2003; Gelles y Strauss, 1979 y 1988; Giddens, 1993; Hampton, Gullotta, Adams y Weissberg, 1993).

Ahora bien, si nos centramos en la violencia filio-parental, una revisión histórica de este tipo de maltrato, puede favorecer la construcción de su conceptualización. De hecho, la literatura científica describe este comportamiento filial desde la década de los años 50, cuando afirman Robinson, Davidson y Drebot (2004) que, el maltrato a los padres ha sido identificado y abordado, en alguna medida, durante los últimos 25 años. Sin embargo, en la década de los años 50 Sears, Maccoby y Levin (1957) en su estudio sobre las prácticas de crianza de los hijos, ya definieron el síndrome de los padres maltratados, y que clasificaron como un subtipo de la violencia familiar. A pesar de lo cual, no ha despertado mucho interés entre los expertos, como consecuencia ha provocado la queja de otros por la insuficiente producción científica de este fenómeno (Cottrell y Monk, 2004; Rechea y Cuervo, 2009; Robinson et al., 2004; Ulman y Straus, 2003).

2. DEFINICIÓN DE VIOLENCIA FILIO-PARENTAL

Un hecho interesante que se produce a la hora de revisar la construcción del concepto de la violencia filio-parental, es que ha seguido el mismo proceso que el encontrado en la elaboración progresiva de las definiciones de otros tipos de violencia familiar (p.ej. maltrato infantil o contra la pareja). De este modo:

1. Se inicia por detectar un síndrome con sintomatología y dinámica propias, que son diferentes a las halladas anteriormente en el ámbito de la violencia intrafamiliar (Barcai y Rosenthal; 1974; Harbin y Madden; 1979; Sears et al., 1957; Steinmetz, 1978; Strauss et al., 1979).
2. En segundo lugar, los investigadores describen las características de las conductas violentas, básicamente

físicas y verbales[2] (Kumagai, 1981; Livingston, 1986; Paulson, Coombs y Landsverk; 1990; Wells, 1987).

3. En tercer lugar, se incorporan en el análisis de la violencia filio-parental diversas formas de violencia (psicológico-emocional, física y económica) (Honjo y Wakabayashi, 1988; Mouren, Halfon y Dugas, 1985).

4. En último lugar, principalmente dentro de este siglo, se analizan la frecuencia e intensidad de las agresiones y sus consecuencias psicológicas y de conducta en los padres (Cottrell, 2001 a, b; Cottrell y Monk; 2004; Howard y Rottem, 2008; McKeena, 2006; Omer, 2004; Webster, 2008).

En un intento por conjugar los diferentes elementos que aportan diversas definiciones de violencia filio-parental (Cottrell, 2001a; Cottrell y Monk, 2004; Ibabe, Juregizar y Díaz, 2007; Rechea y Cuervo; 2009; Sempere et al., 2007), y desde nuestro análisis del concepto de maltrato interpersonal, proponemos la siguiente definición:

Es el tipo de violencia donde el hijo o hija actúa intencional y conscientemente contra sus progenitores (o quienes ocupen su lugar) con el deseo de causarles daño, perjuicio y/o sufrimiento, de forma reiterada a lo largo del tiempo, mediante la violencia psicológica, física y/o económica, con el fin de obtener poder, control y dominio sobre sus víctimas para conseguir lo que desea (Aroca, 2010, p. 163).

---

2. Es importante señalar que durante décadas, en los estudios realizados sobre violencia filio-parental, los malos tratos analizados y contemplados eran los físicos, que podrían comportar o no violencia verbal.

Asimismo, nuestra definición parte del concepto de violencia interpersonal que lleva implícito: la intencionalidad y conciencia del acto, la reiteración a lo largo del tiempo y uno o todos los tipos de violencia (psicológica, económica, física y/o sexual). Aunque una conducta aislada podría tener consecuencias de violencia interpersonal (por ejemplo, una sola agresión física), en nuestra definición del fenómeno de violencia filio-parental, los diferentes tipos de maltrato se ejercen sobre la víctima de forma reiterada porque queremos determinar conceptualmente, y desde la criminología, la figura del victimario o agresor y de la víctima. Por tanto, se determina que el hijo agresor utiliza la violencia de forma intencional y repetida contra su víctima.

3. TIPOS DE VIOLENCIA EJERCIDA POR LOS HIJOS

Estamos ante unos niños y adolescentes que causan daño a sus madres y/o padres utilizando distintos tipos de malos tratos: psicológico, físico y económico, y que pueden aparecer juntos o por separado. Analicemos brevemente los tres tipos de violencia:

- Por violencia física se entiende un conjunto de conductas que pueden producir daño corporal utilizando objetos contundentes o partes del cuerpo. En España no es frecuente el uso de armas de fuego, que si aparecen en estudios realizados en los países anglosajones (Australia, Nueva Zelanda, Estados Unidos y Canadá).

- Por violencia económica se entiende toda conducta que

incluya robo y/o deudas económicas de los hijos que deben pagar los progenitores.

- Por violencia psicológica entendemos toda conducta que atenta contra el equilibrio psico-emocional de las víctimas.

Es importante resaltar que la violencia que ejerce el hijo contra su madre y/o padre provoca en éstos desvalorización y sufrimiento, lo que comporta baja autoestima, sentimiento de culpabilidad y fracaso o frustración por no saber educar y socializar a su hijo. Y es en ese preciso momento, ante la derrota psico-emocional y anulada la voluntad de la víctima, cuando los objetivos del hijo se puede alcanzar: desautorizar, controlar y dominar.

4. CICLO COERCITIVO DE LA VIOLENCIA FILIO-PARENTAL

La violencia a ascendientes comporta un modus operandi específico en el agresor y en la víctima, que adquiere la forma de ciclo coercitivo[3] de la violencia filio-parental, y que pasamos a explicar.

Los progenitores de los niños y adolescentes maltratadores descubren, inevitablemente, que sus recursos habituales de reaccionar o, incluso, las sugerencias de especialistas en terapia familiar, son inefectivas con su hijo. De este modo, cuando utilizan reprimendas, amenazas o castigos éste

---

3. En los casos donde la madre y/o padre sufran un síndrome de trastorno postraumático, puede quedar anulada su capacidad de reacción ante el maltrato sufrido, quedando completamente subyugados y anulados a los comportamientos del hijo y su control.

responde incrementando en intensidad y frecuencia su conducta violenta, en contra de lo que podrían esperar. En ese momento, los progenitores optan por el camino de la persuasión, la aceptación o la comprensión e, inesperadamente, su hijo no sólo ignora estos gestos conciliadores, sino que reacciona con mayor desdén.

Es entonces cuando las madres y padres llegan a comprender que sus manifestaciones de conciliación o de sumisión (que es como lo ve su hijo), comportan un incremento en las exigencias del niño o adolescente, lo que les lleva al enfado e indignación que traducen en coerción. Por tanto, la relación filio-parental se ve atrapada en un proceso de acción-reacción parental inconsistente donde la sumisión o actitud suave, como un intento de pacificación parental, provoca mayores y más frecuentes exigencias por parte del hijo, ante la que los padres reaccionan con contundencia. Pero, el hijo, denostado de su poder, necesita vengarse, tomar la revancha y establecer represalias para contrarrestar la dureza de sus progenitores y restituir su control en el hogar.

Y será cuando ante un incremento de la violencia filial, de nuevo, aparezca la actitud suave o de sumisión parental para que el clima familiar no sea tan estresante y violento. De este modo, como señalan Harbin y Madden (1974:1289), "diríamos que las víctimas compensan o refuerzan el comportamiento del hijo desistiendo o cambiando de posición como respuesta del acto agresivo de éste".

Así pues, existe un error en la actitud de acercamiento que hacen los padres hacia su hijo. A saber, en algunos momentos establecen pautas duras/coercitivas y en otros suaves/

permisivas, por tanto, este círculo es bidireccional y bipolar "sumisión-hostilidad / hostilidad-sumisión". A su vez, dicha bipolaridad parental provoca dos tipos de escalada en la violencia filial: (a) la escalada de dominio (la sumisión parental la utiliza para consolidar su dominio aumentando las demandas), y la escalada de restitución (la hostilidad parental genera una violencia más contundente en el hijo que le permita restablecer su poder). Tras cada una de estas escaladas cíclicas, el hijo va adquiriendo más fuerza.

Al respecto, los estudios efectuados por Bugental, Blue y Cruzcosa, (1989) demuestran que mientras más impotentes y confusos se sientan las madres y padres, más alto es el riesgo de que pierdan el control de la situación y sobre ellos mismos. Y, como consecuencia, cuanto más violentos sean los arrebatos parentales, más violentos serán las conductas del hijo, ante las que claudicarán para retomar la paz en el hogar. De este modo, el círculo de la violencia filio-parental oscila entre ceder y devolver el golpe. Pero, a la postre, quien pierde, entre otras cosas, su autoridad de forma progresiva siempre son las víctimas.

Además, queremos resaltar que la violencia que pueden utilizar los padres, como respuesta a las agresiones recibidas (violencia reactiva) o como consecuencia de su humillación (a modo de venganza), pueden provocar malos tratos por ambas partes, pudiéndose dar dos círculos de violencia que interactúan y se retroalimentan: el filio-parental y el parento-filial.

5. PREVALENCIA E INCIDENCIA DE LA VIOLENCIA FILIO-PARENTAL

Al intentar recopilar y consensuar los datos referidos a la prevalencia e incidencia de la violencia a ascendientes, además de no encontrar cifras concluyentes, hemos hallado porcentajes muy dispares. Así, en la revisión llevada a cabo por Ulman y Straus (2003) hallaron que las proporciones de prevalencia variaban entre un 96% en el estudio de Sears et al., (1957) y el 7% de los realizados por Brezina (1999), Peek, Fische y Kidwell, (1985), y por Cornell y Gelles (1982). En nuestra revisión hallamos desde el 3,4% de Honjo y Wakabayashi (1988) y de Laurent y Derry (1999), al 30,8% que establecen Langhinrichsen-Rohling y Neidig (1995).

Dentro de esta realidad, los datos recopilados revelan un amplio margen de estimaciones difíciles de comparar. Esta circunstancia puede deberse a diferentes razones; entre ellas tenemos que los estudios utilizan una metodología distinta en la recogida de datos, así como escalas de medida del maltrato filio-parental muy diversas, y que la mayoría de las investigaciones han sido realizadas en la década de los años 80 y 90, cuando el maltrato psicológico y económico rara vez estaba incluido en las estimaciones.

6. CARACTERÍSTICAS DE LOS HIJOS E HIJAS AGRESORES

Cuando se intenta establecer un perfil de los hijos maltratadores, en nuestro caso a partir de la revisión bibliográfica efectuada, nos encontramos con una amplia heterogeneidad. Circunstancia que tiene mayor sesgo según el tipo de muestras utilizadas (tanto de hijos como de madres y padres) y de los ámbitos de procedencia (clínica privada, servicios sociales, psiquiátricos y psicológicos públicos y centros de menores penados).

De este modo, las características que vamos a revisar (sexo, edad, variables psicológicas, variables pedagógicas, etcétera) varían según la metodología utilizada y el tipo de muestra bajo estudio, impidiendo, en la casi totalidad de los casos, establecer un perfil concluyente.

Además, queremos resaltar que la mayoría de los estudios revisados (a excepción de los españoles) no tratan parcial o, incluso, ocasionalmente muchas características de estos adolescentes. Se centran principalmente en los progenitores y en el tipo de violencia física que sus hijos ejercen sobre ellos, y no en el análisis, por ejemplo, de variables psicológicas, sociológicas o pedagógico-educativas tanto de las familias como de los hijos maltratadores.

6.1 SEXO PREDOMINANTE EN LOS HIJOS AGRESORES

Según el análisis llevado a cabo por Cottrell y Monk (2004), Du Bois (1998), Langhinrichsen-Rohling y Neidig (1995), Laurent (1997) y Pagani et al., (2004), más del 60% de los maltratos ejercido contra los progenitores fue perpetrado por los hijos. En esta misma dirección tenemos los resultados obtenidos en las investigaciones españolas (Asociación Altea-España, 2008; Ibabe, et al., 2007; Rechea y Rechea et al., 2008; Romero, Melero, Cánovas y Antolín, 2007; Sempere et al.,

2007), de los que se concluye que los hijos varones son los perpetradores más habituales y probables, frente a las hijas.

De igual forma, en nuestra revisión, algunos estudios llevados a cabo en Australia, Nueva Zelanda y Norte América, llegan a la conclusión de que chicos y chicas están casi igualmente representados como agresores, incluso las diferencias por sexo no son significativas (Agnew y Huguley, 1989; Brezina, 1999; Browne y Hamilton, 1998; Paterson, Luntz, Perlesz y Cotton 2002, y Cottrell, 2001b; McCloskey y Lichter, 2003; Paulson et al., 1990; Teamcares, 2001), equiparando ambos sexos en un mismo tipo de violencia familiar.

Por su parte, Charles (1986) da un paso más en su inferencia al exponer que las hijas agresoras, aunque no son las maltratadoras más prevalentes, sí son las más frecuentes. Walsh y Krienert (2007) señalan, sorprendentemente, que el porcentaje en las hijas era mayor cuando las conductas eran más violentas. No obstante, a la espera de otros estudios, diríamos que son los hijos quienes con mayor frecuencia cometen maltrato filial.

6.2 EDAD DE LOS HIJOS AGRESORES

En las investigaciones revisadas el criterio utilizado para determinar la edad de los hijos agresores se divide entre la edad de mayor incidencia, de inicio de la violencia (en su mayoría física) o de denuncia judicial. Del mismo modo, el rango de edad se debate y varía dependiendo tanto de la metodología empleada como de los parámetros de inclusión de la muestra.

De este modo, sólo se puede especular sobre el impacto que los parámetros de edad tienen en los resultados de los análisis, y que dependerán del tipo de ámbito de donde se extraiga la muestra empleada. Por ejemplo, en clínica y en centros de servicios sociales es más habitual encontrar hijos menores de 14 años pudiendo oscilar las cifras entre 9 y 13 años. Ahora bien, si la muestra procede de Fiscalía del Menor, estaremos ante cifras de 14 y 17 años, y el descenso porcentual en este tipo de delito se inicia a los 18 años, dato que coincide con los resultados que ofrecen las investigaciones criminológicas sobre delincuencia juvenil.

No obstante, el rango de edad con mayor incidencia de los estudios revisados está entre los 10 y 17 años (Cottrell, 2001b; Cottrell y Monk, 2004; Ulman y Straus, 2003; Chinchilla et al., 2005; Marcelli, 2002; Du Bois, 1998; Honjo y Wakabayaski, 1988; Asociación Altea-España; Kethinemi, 2004; Walsh y Krienert, 2007; Reches y Cuervo; 2009; Rechea et al., 2008).

6.3 VARIABLES PSICOLÓGICAS

En la mayoría de la literatura especializada se citan algunas variables psicológicas como predictores de la conducta de violencia filio-parental. De hecho, hay autores que dirigen su mirada hacia la presencia de trastornos psicológicos (principalmente de la personalidad) y psiquiátricos (Cottrell y Monk, 2004; Garrido, 2005; Honjo y Wakabayaski, 1988;

Omer, 2004; Pereira, 2009; Pérez y Pereira, 2006; Urra, 2006). Revisemos algunas de estas posturas.

Garrido (2006) alude a un trastorno grave de la personalidad al considerar que muchos de estos adolescentes padecen una psicopatía o la están desarrollando durante la niñez, lo que el autor define como el Síndrome del Emperador.

Urra (2006), establece como características particulares de estos hijos un "egocentrismo supino" en la convivencia familiar con un marcado hedonismo-nihilismo. Además, mantiene que también presentan rasgos patológicos desde la infancia como la conducta negativista-desafiante o relaciones ambivalentes hacia sus progenitores.

Omer (2004) resalta que muchos de estos hijos mostraron síntomas de un trastorno obsesivo-compulsivo que se exteriorizaba auto-marginándose gradualmente o cortando sus lazos con el mundo exterior, principalmente con sus progenitores y otros miembros de la familia. En esta dirección, Cottrell y Monk (2004) indican la existencia de problemas psicopatológicos como: psicosis y trastorno bipolar.

Alba (2011) apunta a las causas de este tipo de abuso parental como la consecuencia de un temperamento difícil, en algunos casos con rasgos psicopáticos para el que se requiere una mayor capacidad educativa desde la infancia temprana. Es decir, para este autor, el abuso parental sería el resultado de rasgos psicopáticos con estilos educativos que han dejado de ser ineficaces por el desistimiento de los padres ante las graves amenazas que presentan en la adolescencia y juventud temprana.

Por otra parte, García de Galdeano y González (2007), manifiestan que a menudo las madres y padres maltratados describen a sus hijos como: tiranos, obstinados y caprichosos. Por ello, indican que el temperamento es extremadamente importante en el desarrollo de conductas violentas e influye en características como la tozudez, la impulsividad o la irritabilidad. Esto también lo advierte Gallagher (2004b). En la misma dirección, algunos autores (Garrido, 2005 y 2007; Omer, 2004; Pereira, Bertino y Romero, 2009; Pérez y Pereira, 2006; Turecki y Tonner, 2003; Urra, 2006) presentan una serie de variables psicológicas como factores de riesgo de la conducta violenta filial:

- En un primer grupo de variables tenemos: el temperamento, la impulsividad, la falta de empatía y la emocionalidad negativa[4].

- Y en un segundo grupo encontramos trastornos de conducta como: el de atención con hiperactividad (TDA-

---

4. La emocionalidad puede ser positiva cuando comporta un alto nivel de contención, de empatía y de sentimiento de culpa que le facilita, al niño/adolescente, la obtención de un ajuste socio- emocional adecuado. Y la emocionalidad negativa es lo opuesto; es decir, son niños/adolescentes que tienden a tener un bajo nivel de contención, de empatía y de sentimiento de culpa. Por otra parte, no olvidemos que la empatía y la capacidad de sentir miedo son dos mecanismos de aprendizaje necesarios para educarse en valores, normas, en sentir remordimiento, temer el castigo, etcétera, lo que indiscutiblemente facilitará/dificultará el ajuste socio-emocional posterior del niño.

H)[5], el trastorno negativista-desafiante (TND)[6], y el trastorno disocial (TD)[7].

Sin embargo, no es necesario que los hijos que ejercen violencia contra sus progenitores padezcan alguno de estos tres trastornos mencionados. Lo que si podemos determinar es que los que padecen un TD tienen una mayor probabilidad de ejercer, llegado el caso, una violencia más severa contra su madre y/o padre, que los niños[8] o adolescentes que no lo sufre. Asimismo, estos trastornos pueden ser la puerta que abre el desarrollo del Síndrome del Emperador, o la antesala de la psicopatía, que según Garrido (2006 y 2008) se caracteriza por dos componentes:

5. Según Gargallo (2005:14), *"las características necesarias para que se pueda hablar de hiperactividad o de TDA-H son la presencia de hiperactividad evolutiva y la naturaleza transituacional de los síntomas. La primera se refiere a que la conducta del niño hiperactivo, caracterizada por la falta de atención, el exceso de actividad motora en situaciones que exigen control de los movimientos y la impulsividad, ha de ser persistente y continuada en el tiempo, año tras año. La segunda se refiere a que esta conducta se debe dar en diversas situaciones".*

6. El TND, hace referencia a un patrón de comportamiento hostil, provocador y negativo que se traduce en conductas del tipo: desobediencia, pataletas, oposición a hacer lo que se le manda, comportamientos coléricos, resentimiento, etcétera. Estas conductas pueden convertirse en verdaderos ataques físicos en la medida que va creciendo el niño.

7. En los criterios que el DSM-IV establece para el diagnóstico de un TD, aparecen una serie de conductas que nos pueden dar una visión integral de este tipo de trastorno, el más grave, sin duda de los tres. Entre esos criterios están: (a) a menudo fanfarronea, amenaza o intimida a otros; (b) ha manifestado crueldad física con personas; (c) a menudo miente para obtener bienes o favores o para evitar obligaciones (esto es, "tima" a otros); (d) a menudo permanece fuera de casa de noche a pesar de las prohibiciones paternas, iniciando este comportamiento antes de los 13 años de edad; (e) se ha escapado de casa durante la noche por lo menos dos veces, viviendo en la casa de sus padres o en un hogar sustitutivo (o sólo una vez sin regresar durante un largo periodo de tiempo); (f) suele hacer novillos en la escuela, iniciando esta práctica antes de los 13 años de edad.

8. El DSM-IV clasifica a los chicos con TD según empiezan antes de los 10 años o después a mostrar algunos de sus criterios de diagnóstico.

- Componente afectivo e interpersonal que describe a un niño o adolescente narcisista y egocéntrico (más de lo determinado en las etapas de desarrollo), con serias dificultades para sentir remordimientos y culpa, así como para vincularse afectivamente a las personas (incluidos los progenitores), por falta de sensibilidad[9]; características que bastarían para producir violencia contra los progenitores.Este perfil aparece reflejado en la mayoría de estudios revisados (Ibabe et al., 2007; Rechea et al., 2008; Robinson, et al., 2004; Romero et al., 2007; Stewart et al., 2007; Walsh y Krienert, 2007). No obstante, autores como González (2008) y Sempere et al. (2007), señalan que esa actitud hacia sus progenitores va cambiando con el tratamiento recibido en los Centros de Reforma y con el alejamiento físico de sus hogares. Hay que tener en cuenta que una actitud bastante habitual en los adolescentes es la de alejarse emocionalmente de las situaciones que comportan conflicto personal o aceptación de la culpa, pero es una actitud no un rasgo. Incluso, llegado el caso podríamos estar hablando de distorsiones cognitivas o locus de control externo. No obstante, estos autores no descartan que en algunos casos nos podemos encontrar frente a un adolescente con psicopatía.

- El segundo componente que caracteriza la psicopatía es el que integra la impulsividad, búsqueda de sensaciones y transgresión de normas[10].

---

9. Para el experto en psicopatía Robert Hare, la insensibilidad es un componente de la psicopatía en jóvenes, que implica ausencia de empatía y de sentimientos de amor, responsabilidad y cuidado hacia las personas o familia.

Según Garrido (2003), si ambos componentes se mantienen después de la adolescencia, pueden dar lugar a la psicopatía en la edad adulta.

Por otra parte, Urra (2006), en su libro "El pequeño dictador", mantiene que la herencia marca tendencia, pero lo que cambia al ser humano totalmente es la educación, sobre todo en los primeros años, en los primeros meses y días, incluso antes de nacer, por ejemplo, es muy distinto si eres un hijo deseado o no, si eres un padre relajado o agresivo.

No obstante, el factor clave a tener en cuenta para saber si hay algo más que carencias educativas es, según Garrido (2005), si aparecen o no rasgos de personalidad psicopática, básicamente insensibilidad emocional, falta de conciencia, falta de empatía y ausencia de culpa. Cuanto más grande sea ese núcleo, mayor será la capacidad de violencia del niño.

No obstante, aunque es cierto que la personalidad es difícil de cambiar por medio de la educación, no lo es el autocontrol[11]. Hay niños con bajas puntuaciones en humanidad, insensibilidad emocional y empatía, pero no son violentos porque han aprendido a auto-controlarse por medio de las pautas educativas recibidas.

---

10. Rasgos que se manifiestan en el trastorno disocial, recogido en el DSM-IV.
11. Recordemos que la conducta inadecuada o, en algunos casos, violenta demuestra que el niño/a no tiene desarrollado el autocontrol y, justamente, según Gooteman (2002:10-11), "la disciplina ayuda a los niños a desarrollar su autocontrol. Todos ellos empiezan su vida sin saber controlarse y tienen que aprender a hacerlo para convertirse en personas independientes, responsables, felices, miembros bien adaptados [...].El objetivo de la disciplina parental es enseñar a los hijos a hacer las cosas bien; el objetivo del castigo es enseñarles a no hacer las cosas de forma incorrecta". Por tanto, la disciplina es imprescindible para un adecuado desarrollo integral de los hijos, y se centra en corregir el mal comportamiento. Asimismo, disciplinar es construir autoestima, estimular, orientar y dirigir.

Es importante resaltar que, de los estudios revisados, los españoles son los que analizan las variables psicológicas de las muestras bajo estudio (Asociación Altea-España, 2008; Ibabe et al., 2007; Rechea y Cuervo, 2009; Rechea et al., 2008; Romero et al., 2007; Sempere et al., 2007). Las características que se presentan con mayor frecuencia son: baja tolerancia a la frustración, no demora del refuerzo, ausencia de empatía, impulsividad, agresividad, ira, no asume su responsabilidad ante la violencia que ejerce sobre sus progenitores, bajo autocontrol, justifica y/o minimiza el maltrato, irritabilidad, egocentrismo, TDA-H, baja autoestima, distancia interpersonal y prepotencia.

Debemos destacar que se indican, con relativa frecuencia en este tipo de hijos, la apatía y aislamiento social, aunque desconocemos su relevancia.

7. VARIABLES PEDAGÓGICAS: ACADÉMICAS Y LABORALES

Son varios los autores que hablan de insensibilidad del hijo agresor ante el sufrimiento de sus progenitores, su nula empatía hacia ellos, su incapacidad para admitir, al menos, parte de la responsabilidad por la situación familiar generada, etcétera. Son niños y adolescentes insensibles con una inteligencia emocional poco desarrollada y con serios problemas en su razonamiento moral o en la forma que soluciona los problemas con sus padres.

Pero, ¿estas características sólo las podemos vincular a rasgos de personalidad, deficiente socialización o estilos educativos parentales ineficaces? Existen serias propuestas científicas que aportan otro factor de riesgo a la explicación al vincular la inteligencia emocional con la inteligencia impersonal o académica, la que se desarrolla a través de la formación en centros educativos gracias a las diferentes asignaturas o materias.

De hecho, desde la Pedagogía y la Psicología Educativa, hace casi tres décadas, el término de cognición aglutina varios procesos de aprendizaje, que en los términos señalados por Ross, Fabiano y Garrido (1990) incluyen: razonamiento moral, resolución de problemas, empatía, impulsividad, pensamiento crítico, razonamiento abstracto y conducta de elección, que han dado una extensa investigación sobre las relaciones que se establecen entre cognición y conductas antisociales o prosociales, y no sólo vinculando la cognición con la memoria, la atención, la percepción y el lenguaje.

Del mismo modo cada vez son más los especialista (H. Gardner, W. Glasser, E. Fabiano, S. W. Henggeler y R.R. Ross, entre otros) que determinan que la cognición impersonal e interpersonal no están separadas sino interconectadas para la adquisición de varios comportamientos prosociales. Así, las deficiencias o dificultades en el rendimiento y adaptación escolar, por una parte, y los niveles bajos de actividad intelectual, por otra, se mencionan como factores de riesgo que podían reproducir conductas antisociales debido, básicamente, a que los grupos de adolescentes con conductas de riesgo (consumo de drogas, absentismo y fracaso escolar, pequeños delitos, etcétera) obtenían puntuaciones más bajas en pruebas que medían el

Coeficiente Intelectual[12], que el grupo de adolescentes no problemáticos y sin dificultades importantes en el aprendizaje, adaptación y nivel académico adquirido.

Asimismo, Henggeler (1989) explica las dificultades intelectuales (bajo nivel y rendimiento académico) y las conductas desadaptativas[13] estableciendo una conexión directa entre ellas, determinando que existe una relación entre baja inteligencia verbal y baja inteligencia emocional a partir de procesos intermedios como las dificultades académicas, las dificultades psicosociales en general y, el retraso en la adquisición de las habilidades cognitivas de interacción[14]. Dificultades que pueden desaparecer o descender, en gran medida, cuanto mayor y mejor sea el rendimiento académico.

Por otra parte, a partir de los trabajos realizados por Märtin y Boeck (1997), se han ido acumulando pruebas que demuestran que el hecho de sentir, pensar y decir presupone un trabajo conjunto del cerebro emocional y del racional. De este modo, podríamos decir que la vinculación entre coeficiente intelectual y conductas antisociales/prosociales está mediatizada (sin conocer el grado exacto), por el logro educativo (académico) y el compromiso interpersonal (socialización).

Entonces, a partir de lo expuesto y atendiendo a las

---

12. Coeficiente vinculado a la adquisición de conocimientos escolares/académicos.
13. Vinculadas a déficits en la Inteligencia Emocional y la carencia de Habilidades Sociales en las relaciones interpersonales.
14. Establecer el grado de interconexión que existe entre el nivel intelectual y la conducta antisocial no se puede determinar con exactitud. Lo que parece estar demostrado es que la gran mayoría de los muchachos, entre 13 y 18 años, que tienen algún contacto con los estamentos judiciales han tenido fracaso escolar y/o problemas de adaptación o de conducta en la escuela.

conductas que presentan los hijos maltratadores en el contexto escolar, deberíamos encontrar un grupo de adolescentes con dificultades académicas y/o fracaso escolar.

Para poder aceptar o refutar dichas premisas, hemos recurrido a los únicos estudios que analizan esta variable pedagógico-escolar que, de nuevo, son los españoles[15], y hallamos que las proporciones de prevalencia en las dificultades académicas[16] que presentan estos adolescentes varían entre el 93% encontrado en el estudio de Ibabe et al., (2007) y, aproximadamente, el 53% del hallado por Rechea et al., (2008). Por otra parte, la prevalencia de fracaso escolar (no logran adquirir el graduado escolar) varía entre el 67,2% de la investigación de Romero et al., (2007) y el 32,7% de Rechea et al., (2008).

Curiosamente, los porcentajes más altos de problemas en el ámbito escolar pertenecen a hijos maltratadores que están cumpliendo o han cumplido alguna medida judicial por violencia filio-parental.

Por lo tanto, a partir de los supuestos expuestos en este apartado (Henggeler, 1989; Märtin y Boeck, 1997, y Ross et al., 1990), podríamos decir que la vinculación entre coeficiente intelectual (o cognición impersonal) y conductas de violencia filio-parental (o cognición interpersonal) parece estar mediatizado por el logro académico (nivel de formación escolar) y el compromiso interpersonal (socialización). Con ello no estamos diciendo que existan

---

15. Las muestras bajo estudio presentan el rango de edad entre 14 y 18 años.
16. Principalmente: dificultades en el aprendizaje, retraso y bajo rendimiento escolar, problemas de adaptación y de conducta, y absentismo escolar.

hijos maltratadores que no presenten problemas en el contexto escolar, pero parecen ser los menos en las muestras españolas.

Por lo tanto, estamos ante un grupo numeroso de adolescentes "anti-escuela" que, tal vez, puedan encontrar estrategias que compensen esas deficiencias académicas en el mundo laboral, ya que éste puede contribuir positivamente a que logren un proceso de adaptación tanto social como personal. Pero, ¿sucede así en los hijos maltratadores?

Revisando las investigaciones llevadas a cabo en España, por ser las que analizan esta variable pedagógico-laboral, concluimos que en el caso de los hijos agresores que tienen entre 16 y 18 años aparece en, aproximadamente el 55% de los casos: el abandono o despido del lugar de trabajo como un hecho relevante , unido a una baja motivación para buscar trabajo o reincorporarse a la vida laboral; además, presentan una trayectoria laboral inconsistente, cambios continuados de trabajo y poca implicación y, también aparecen problemas a la hora de tener que acatar y cumplir las normas. Sin embargo, contradictoriamente, no suelen tener problemas con la figura de autoridad en el contexto laboral (Ibabe et al., 2007; Rechea y Cuervo, 2009; Romero et al., 2007 y Sempere et al., 2007).

Para finalizar diremos que los hijos violentos que peor pronóstico presentan en estas variables pedagógicas son los que, además de maltratar a su progenitores, presentan otros tipos de conductas delictivas (Ibabe et al., 2007).

7.1 CONSUMO DE ALCOHOL Y DROGAS

Existen varios estudios que han relacionado el consumo de alcohol y drogas con la violencia filio-parental (Charles, 1986; Ellickson y McGuigan, 2000; Jackson, 2003); incluso, Pagani et al. (2004) hallaron que el abuso de sustancias entre los adolescentes aumentaba el riesgo de violencia verbal a la madre en un 60% de las veces. De hecho, Cottrell y Monk (2004) indican que algunos jóvenes de su estudio reconocieron que maltrataron a sus madres y padres cuando estaban "colocados" o "de bajón".

No obstante, como indican Aroca y Garrido (2005), muchas personas que consumen habitualmente no son violentas, ni agreden. Asimismo, no podemos olvidar que, por una parte, beber alcohol y consumir drogas es una opción y un hábito, no la condición necesaria para que haya violencia y, por otra, que la conducta violenta puede preceder o coexistir con el consumo de alcohol o drogas, pero no es probable que sea la causa principal del maltrato filial (por la edad y el tiempo de consumo de estos niños y adolescentes sus consecuencias no son todavía muy graves). Como hemos podido comprobar en los estudios revisados, muchos hijos agresores no beben alcohol o consumen drogas, otros lo hacen de forma moderada u ocasional y otros de forma habitual, y en la mayoría de los episodios de violencia el hijo agresor no había ingerido alcohol o drogas; pero, en los tres casos sólo comparten una realidad, y no es el consumo, maltratan a sus progenitores.

8. CONTEXTO FAMILIAR DEL HIJO MALTRATADOR.

En este último apartado, vamos a tratar de manera concisa algunos datos referidos al ámbito familiar de los hogares donde aparece la violencia a ascendientes, extraídos de las investigaciones analizadas.

En primer lugar, los resultados de nuestra revisión acerca de las familias que sufren violencia filio-parental reflejan que este tipo de maltrato está presente en todas las clases sociales (Cornell y Gelles, 1982; Eckstein, 2004; Gelles, 1985; Omer, 2004; Peek, Fischer y Kidwell, 1985; Rechea y Cuervo, 2009; Wells, 1987).

En segundo lugar, la violencia filio-parental sí parece correlacionar directamente con prácticas educativas que no facilitan el ajuste emocional y social de los hijos. Casi la totalidad de los autores consultados apuntan hacia la permisividad, la negligencia y ausencia (física y/o psicológica) de la figura paterna como una constante educativa en los hijos maltratadores, desestimando la sobreprotección o el estilo autoritario como causa en este tipo de progenitores maltratados. Además, parece relevante que la no coincidencia de los estilos educativos del padre y la madre es un factor de riesgo a considerar (Agnew y Huguley, 1989; Bailín et al., 2007; Cottrell y Monk, 2004; Eckstein, 2004; Rechea y Cuervo, 2009; Romero et al., 2007; Ibabe et al., 2007).

En tercer lugar, las investigaciones revisadas afirman que la familia monoparental constituye un factor de riesgo en el desarrollo de posibles conductas antisociales, pero también advierten de la importancia de otros factores en la explicación del maltrato parental: (a) los estilos educativos, de los progenitores custodios y no custodios, porque suelen incidir directamente en el grado de adaptación personal y social de los adolescentes; y, (b) las prácticas de crianza que comportan mayor riesgo. Sobre todo las que se caracterizan por la irritabilidad, comunicación intrafamiliar insuficiente, poco control, prácticas coercitivas, falta de afecto y supervisión y, niveles de cohesión familiar bajos; características que aparecen con mayor frecuencia en las familias monoparentales (Agnew y Huguley, 1989; Edenborough, Jackson, Mannix y Wilkes, 2008; Evans y Warren- Sohlerg, 1988; Laurent y Derry, 1999; Pagani, Larocque, Vitaro y Tremblay, 2003; Rechea et al., 2008; Romero et al., 2007; Stewart, Burns y Leonard, 2007).

En cuarto lugar, no podemos obviar que la realidad de un individuo se construye a partir de la interacción entre factores contextuales (familia, escuela, el grupo de iguales, comunidad) y personales, como el temperamento y las habilidades socio-cognitivas[17] que presentan los niños y adolescentes y sus efectos sobre el comportamiento violento. El estudio de esta interacción no se ha sometido a prueba porque, como afirman Sobral, Romero, Luengo y Marzoa (2000), las cosas distan de ser tan sencillas; es muy probable que la co-presencia de esos factores, impliquen que alguno modere el efecto de algún otro, que a su vez pueda amplificar el de un tercero, y así sucesivamente.

---

17. Conjunto de elementos (locus de control, habilidades de relación interpersonales, jerarquía de valores, autoestima, distorsiones cognitivas) que conectan al sujeto con otras personas y los eventos del entorno.

En quinto lugar, otra de las conclusiones a las que llega nuestra revisión, es que la madre es la más agredida por su progenie. Así las cosas, quizá debamos plantearnos si estamos frente a un fenómeno de violencia familiar con dos tipos de víctimas o sólo una (la madre), que requiere un análisis causísticos diferenciados. Tal vez, no sería desorbitado pensar que estamos ante un fenómeno de violencia de género ejercida por su descendencia (Cottrell y Monk, 2004; Edenborough et al., 2008; Jackson y Mannix, 2003; Paterson et al., 2002; Stwart, et al., 2007, 2006). No obstante, existe una variable a considerar en este tipo de fenómeno, y es el que la madre es la principal (y a veces la única) responsable de la educación de los hijos, lo que comporta, a su vez, mayor probabilidad de enfrentamientos con ellos (Patterson, 1982; Synder y Patterson, 1995).

En este sentido, nuestra revisión nos obliga a reflexionar sobre el binomio monoparentalidad-sexo de la víctima. Así pues, si, por una parte, partimos de que la mayoría de las familias monoparentales están regidas por mujeres, y que independientemente de la estructura familiar, la madre es la víctima por excelencia, no podemos saber qué porcentaje explicativo de este tipo de violencia depende de la monoparentalidad o de la mujer por el hecho de serlo (paradigma de la teoría feminista).

En sexto lugar, de los datos referidos a la fratría de los hijos agresores se concluye que la mayoría no son hijos únicos, ni los más pequeños; por el contrario, en un porcentaje importante los hijos agresores tenían uno o más hermanos, y eran el hijo primogénito. No hemos obtenidos datos sobre si eran los únicos hijos varones (Rechea y Cuervo, 2009; Rechea et al., 2008; Sempere et al., 2007; Ibabe et al., 2007).

9. CONCLUSIONES

A modo de conclusión diremos que la violencia filio-parental aparece como uno de los fenómenos delictivos más desconcertantes en el seno de las familias y en la sociedad actual. Aunque se han realizado algunas aproximaciones al conocimiento de este tipo de comportamiento, todavía son escasos los estudios concluyentes que hemos podido obtener; además de proceder mayoritariamente de Canadá, Australia, Estados Unidos y Nueva Zelanda. Aunque parece ser que, según Pereira (2006), Japón[18] ofrece una importante cantidad de investigaciones de la violencia filio-parental, de la que nos distancian problemas de idioma.

Es cierto que algunos autores han intentado explicar esta violencia desde diferentes perspectivas, sin embrago, estos análisis del hostigamiento de los hijos contra sus ascendientes, obedece más al bagaje científico de los autores que a una certeza basada en la evidencia científica disponible. Pero nunca debemos olvidar que dentro de la ciencia, aquello que no se puede demostrar no existe, y dada la escasa evidencia científica sobre el maltrato parental disponible, no estimamos conveniente realizar especulaciones ni conclusiones generales. Sería más oportuno establecer un punto de partida,

18. Hecho que nos ha sorprendido porque la cultura japonesa es uno de los tótems del respeto a los mayores y progenitores. Circunstancia que nos presenta nuevos interrogantes en nuestro trabajo.

como el que ofrece nuestra revisión, para impulsar el estudio de este fenómeno.

Por otra parte, nos tropezamos con muchas trabas a la hora de investigar:

- Las políticas criminales y el sistema de justicia no facilitan el acceso a estos jóvenes en el contexto judicial.

- Todavía existe la creencia bien extendida de que los progenitores son, la casi totalidad de las veces, los responsables del comportamiento antisocial y delictivo de los hijos, y que ante la tesitura de proteger a un menor o a sus progenitores, sabemos que el primero será el elegido. El resultado es una alta cifra negra que nos impide conocer la magnitud de los casos.

- Las investigaciones que se quieren realizar con familias que poseen hijos menores tropiezan con la resistencia, por parte de los poderes públicos, para ofrecer los datos necesarios que nos permitan realizar estudios con una adecuada calidad metodológica.

- Los diferentes profesionales que deben atender a este tipo niños y adolescentes no están adecuadamente formados sobre el tipo de violencia filio-parental. Y en consecuencia, tampoco disponen de estrategias de intervención eficaces.

En definitiva, se precisan de más y mejores estudios que nos permitan rellenar todas las lagunas existentes sobre esta realidad familiar que aumenta progresivamente. De este modo podremos definirla de forma precisa, explicarla y tratarla para solucionar un problema actual tan grave, objetivo último de cualquier Ciencia Social y de los profesionales que trabajen éste ámbito.

10. BIBLIOGRAFÍA

Agnew, R. y Huguley, S. (1989). Adolescent violence toward parents. Journal of Marriage and Family, 51, 699-711.

Alba,J.L. (2003).Violencia en el ámbito familiar. Ponencia presentada en el congreso Violencia y sociedad. Abril, Diputación de Alicante.

Aroca, C. y Garrido, V. (2005). La Máscara del Amor. Programa de Prevención de la Violencia en la Pareja. Manual de Conocimientos del Profesorado. Valencia: C.S.V.

Asociación Altea-España (2008). Proyecto: Violence Intrafamiliale: Mineurs qui agressent leurs parents. Documento digital: http://www.altea-europa.org

Bailín, C., Tobeña, R., Sarasa, MªD. (2007). Menores que agreden a sus padres: resultados de la revisión bibliográfica. Revista de Psicología General y Aplicada, 60 (1-2), 135-148.

Barcai, A. y Rosenthal, M. (1974). Fears and tyranny. Arch Gen Psychiatry, 30, 392-395.

Blumstein, A., Cohen, J. y Farrington, D.P. (1988). Longitudinal and Criminal career research: Further Clarifications. Criminology, 26(1), 6-32.

Brezina, T. (1999). Teenage violence toward parents as an adaptation to family strain: Evidence from a national survey of male adolescents. Youth & Society, 30, 416-444.

Browne, K.D. y Hamilton, C.E. (1998). Physical violence

between young adults and their parents: Associations with a history of child maltreatment. Journal of Family Violence, 13 (1), 59-79.

Bugental, D.B., Blue, J.B. y Cruzcosa, M. (1989). Perceived control over caregiving outcomes: Implications for child abuse. Developmental Psychology, 25, 532-539.

Chapman, L. (1967). Illusory correlation in observation report. Journal of Verbal Learning and Verbal Behavior, 6, 328-338.

Charles, A.V. (1986). Physically abused parents. Journal of Family Violence, 1 (4), 343-355.

Chinchilla, MªJ., Gascón, E., García, J. y Otero, M. (2005). Un fenómeno emergente: Cuando el menor descendiente es el agresor. www.unizar.es/sociologia_jutridica/viointafamiliar/magresor.pdf. Universidad de Zaragoza.

Cochran, D., Brown, M.E., Adams, S.L. y Doherty, D. (1994). Young adolescent batterers: A profile of restraining order defendants in Massachusetts. Boston: Office of the Commissioned on Probation.

Cornell, C. y Gelles, R. (1982). Adolescent to parent violence. The Urban and Social Change Review, 15, 8-14.

Cottrell, B. (2001a). Parent abuse: The abuse of parents by their teenage children. Ottawa, Canada: Health Canada, Family Violence Prevention Unit.

Cottrell, B. (2001b). Parent abuse: The abuse of parents by their teenage children. htpp://www.canadiancre.com/parent_abuse.htm

Du Bois, R.H. (1998). Battered Parents. Psychiatric Syndrome or Social Phenomenon? En, A.Z. Shwartzberg

(Ed.), The adolescent in turmoil (pp. 124-133). Wesport: Praeger.

Dugas, M., Mouren, M.C., y Halfon, O. (1985). Les parents battus et leurs enfants. Psychiatrie de l'Enfants, 28, 185-219.

Cottrell, B. y Monk, P. (2004). Adolescent-to-parent abuse. A qualitative overview of common themes. Journal of family Issues, 25 (8), 1072-1095.

Eckstein, N.J. (2004). Emergent issues in families experiencing adolescent-to-parent abuse. Western Journal of Communication, 68 (4), 365-388.

Edenborough, M., Jackson, D., Mannix, J. y Wilkes, L.M. (2008). Living in the red zone: the experience of chil-to-mother violence. Child and Family Social Work, 13, 465-473.

Evans, E.D. y Warren-Sohlberg, L. (1988). A pattern analysis of adolescence abusive behavior towards parents. Journal of Adolescent Research, 3 (2), 201-216.

Gelles, R.J. (1985). Family violence. Annual Review of Sociology, 11, 347-367.

Jackson, D. y Minnix J. (2004). Giving voice to the burden of blame: a feminist study of mothers' experiences of mother blaming. International Journal of Nursing Practice, 10, 150-158.

Pagani, L.S., Larocque, D., Vitaro, F. y Tremblay, R.E. (2003). Verbal and physical abuse toward mothers: The role of family configuration, enviroment, and doping strategies. Journal of Youth and Adolescence, 32 (3), 215-223.

Edenborough, M., Jackson, D., Mannix, J. y Wilkes, L.M.

(2008). Living in the red zone: the experience of chil-to-mother violence. Child and Family Social Work, 13, 465-473.

Ellickson, P.L. y McGuigan, K.A. (2000). Early predictors of adolescent violence. American Journal of Public Health, 90. 566-572.

Evans, E.D. y Warren-Sohlberg, L. (1988). A pattern analysis of adolescence abusive behavior towards parents. Journal of Adolescent Research, 3 (2), 201-216.

Farrington, D.P. y Welsh, B. (2007). Saving children from life crime. Early risk factors and effective interventions. Oxford (UK): Oxford University Press.

Gallagher, E. (2004a). Parents victimised by their children. ANZJFT, 25(1),1-12.

Gallagher, E. (2004b). Youth who victimised their parents. ANZJFT, 25(2), 94-105.

García de Galdeano, P. y González, M. (2007). Madres agredidas por sus hijos/as. Guía de recomendaciones prácticas para profesionales. Diputación foral de Vizcaya.

Gargallo, B. (2005). Niños hiperactivos (TDA-H). Barcelona: CEAC Ediciones.

Garrido, V. (2008). "El Síndrome del Emperador y sus desafíos en el ámbito científico y profesional". Ponencia en la Jornadas sobre Violencia Intrafamiliar, Valencia, 28-29 de febrero de 2008.

Garrido, V. (2007). Antes que sea tarde. Cómo prevenir la tiranía en los hijos. Barcelona: Nabla Ediciones.

Garrido, V. (2006). Los hijos tiranos. El síndrome del Emperador. Madrid: Ariel.

Garrido, V. (2003). Psicópatas y otros delincuentes violentos. Valencia: Tirant lo Blanch.

Garrido, V., Stangeland, P. y Redondo, S. (2006). Principios de Criminología. Valencia: Tirant lo Blanch.

Gelles, R.J. (1985). Family violence. Annual Review of Sociology, 11, 347-367.

Gelles, R.J. y Cornell, C.P. (1985). Intimate violence in families. Londres: Sage.

Gelles, R.J. y Strauss, M.A. (1988). Intimate violence: The causes and consequences of abuse in the American family. Nueva York: Simon & Schuster.

Gelles, R.J. y Strauss, M.A. (1979). Violence in american family. Journal of Social Issues, 35, 15-39.

Giddens, A. (1993). Sociology, 2ª ed. Cambridge (UK): Polity Press.

González, L. (2008). Programa de Intervención por Maltrato Familiar Ascendiente. Ponencia presentada en las Jornadas sobre Violencia Intrafamiliar, Valencia.

Gooteman, M. (2002). Guía para educar con disciplina y cariño. (2ª edic.) Barcelona: Ediciones Medici.

Greenwood, P.W. (2006). Changing Lives. Delinquency Prevention as Crime-Control Policy. Chicago: The University of Chicago Press.

Hampton, R.L., Gullotta, T.P., Adams, G.R., Weissberg, R.P. (1993). Family violence: Prevention and treatment. Newbury Park: Sage.

Harbin, H.T. y Madden, D.J. (1979). Battered Parents: A New Syndrome. American Journal Psychiatry, 136 (10), 1288-1291.

Henggeler, S. W. (1989). Delinquency in adolescents. Newbury Park (USA): Sage.

Honjo, S. y Wakabayashi, S, (1988). Family violence in Japan: A compilation of data from the Department of Psychiatry, Nagoya University Hospital, Japan. The Japanese Journal of Psychiatry and Neurology, 42 (1), 5-10.

Ibabe, I. (2007). Perfil de los hijos adolescentes que agreden a sus padres. Investigación realizada en la C.A.V. Gizarte Psikologia eta Portaera Zeintzien Metodologia Saila. Victoria-Gasteiz, 23 noviembre, 1-28.

Ibabe, I., Juregizar, J. y Díaz, O. (2007). Violencia filio-parental: Conductas violentas de jóvenes hacia sus padres. Vitoria: Servicio Central de Publicaciones del Gobierno Vasco.

Jackson, D. (2003). Broadening constructions of family violence: Mothers' perspectives of aggression from their children. Child and Family Social Work, 8, 321-329.

Jackson, D. y Minnix J. (2004). Giving voice to the burden of blame: a feminist study of mothers' experiences of mother blaming. International Journal of Nursing Practice, 10, 150-158.

Kethineni, S. (2004). Youth-on-parent violence in a central Illinois country. Youth Violence and Juvenile Justice, 2(4), 374-394.

Kumagai, F. (1981). Filial violence: A peculiar parent-child relationship in the Japanese family today. Journal of Comparative Family Studies, 12(3), 337-349.

Langhinrichsen-Rohling, J. y Neidig, P. (1995). Violence backgrounds of economically disadvantaged youth: Risk factors for perpetrating violence? Journal of family violence, 10 (4), 379-398.

Laurent, A. (1997). À propos des adolescents où les parents sont battus par leur enfant. Archives de Pédiatrie, 4, 468-472.

Laurent, A. y Derry, A. (1999). Violence of French adolescents toward their parents. Characteristcs and context. Journal of Adolescent Health, 25 (1), 21-26.

Livingston, L.R. (1986). Children's violence to single mothers. Journal of Sociology and Social Welfare, 13 (4), 920-933.

Marcelli, D. (2002). Enfant tyrans et violents. Bulletin de l'Academie Nationale de Médicine, 186(6), 991-999.

Märtin, D. y Boeck, K (1997). Qué es la Inteligencia Emocional. Madrid: EDAF.

McCloskey, L.A. y Lichter, E.L. (2003). The contribution of marital violence to adolescent aggression across different relationships. Journal of International Violence, 18(4), 390-412.

Mouren, M.C.; Halfon, O. y Dugas, M. (1985). Une nouvelle forme d'agressivité intra-familiale: les parents battus par leur enfant. Annuaire Medico-Psychologique, 143, 292-296.

Nardone, G., Giannotti, E. y Rocchi, R. (2003). Modelos de familia. Conocer y resolver los problemas entre padres e hijos. Barcelona: Herder.

Nöck, M.K. y Kazdin, A.E. (2002). Parent-directed physical aggression by clinic-referred youths. Journal of Clinical Child Psychology, 3(2), 193-205.

Omer, H. (2004). Nonviolent Resistence. A New

Approach to Violent and Self-Destructive Children. Cambridge (UK): Cambridge University Press.

Pagani, L.S., Tremblay, R.E., Nagin, D., Zoccolillo, M., Vitaro, F. y McDuff, P. (2004). Risk factors models for adolescent verbal and physical aggression toward mothers. International Journal of Behavior Developmemnt, 28(6), 528-537.

Pagani, L.S., Larocque, D., Vitaro, F. y Tremblay, R.E. (2003). Verbal and physical abuse toward mothers: The role of family configuration, enviroment, and doping strategies. Journal of Youth and Adolescence, 32 (3), 215-223.

Pantoja, L. (2005). Los menores vulnerables y su relación con las drogas. Bilbao: Universidad de Deusto.

Paterson, R., Luntz, H., Perlesz, A. y Cotton, S. (2002). Adolescent violence towards parents: maintaining family connections when the going gets tough. Australian and New Zealand Journal of Family Therapy, 23, 90-100.

Patterson, G.R. (1982). A social learning approach: Coercitive family process. Vol. 3. Eugene, Oregón: Castalia.

Paulson, M.J., Coombs, R.H. y Landsverk, J. (1990). Youth who physically assault their parents. Journal of Family Violence, 5(2), 121-133.

Peek, C., Fischer, J. y Kidwell, J. (1985). Teenage violence toward parents: A neglected dimension of family violence. Journal of Marriage and the Family, 47 (4), 1051-1060.

Pereira, R., Bertino, L. y Romero J.C. (2009). "La violencia filio-parental: contexto, proceso y dinámicas familiares". IV Jornadas Formación de SEAFI'S: Violencia filio-parental.

Orientaciones prácticas para profesionales. Valencia 4-5 de noviembre.

Pérez, T. y Pereira, R. (2006). Violencia filio-parental: un fenómeno emergente. Introducción. Revista Mosaico, 36, 1-3. Escuela Vasco-Navarra de Terapia familiar euskarri@avntf-evntf.com

Price, J.A. (1996). Power & Compassion. Working with difficult adolescents and abused parents. Nueva York: The Guilford Press.

Rechea, C. y Cuervo, A.L. (2009). Menores agresores en el ámbito familiar (Estudio de casos). Centro de Investigación en Criminología. Informe nº 17, 1-56.

Rechea, C., Fernández, E. y Cuervo A.L. (2008). Menores agresores en el ámbito familiar. Centro de Investigación en Criminología. Informe nº 15, 1-80. http://www.uclm.es/criminologia/pdf/15-2008.pdf

Robinson, P.W., Davidson, L.J. y Drebot, M.E. (2004). Parent abuse on the rise: a historical review. American Association of Behavioral Social Science Online Journal,(revista electronica), 58-67.

Romero, F., Melero, A., Cánovas, C y Antolín, M. (2007). Violència dels joves en la família. Barcelona: Centre d'Estudis Juridics i Formació Especialitzada (Justícia i Societat, 28).

Ross, R.R., Fabiano, E. y Garrido, V. (1990). El pensamiento prosocial. El modelo cognitivo para la prevención y tratamiento de la delincuencia. Monográfico de la Revista Delincuencia, nº 1.

Sempere, M., Losa del Pozo, B., Pérez, M., Esteve, G. y Cerdà, M. (2007). Estudi qualitatiu de menors i joves amb mesures d'internament per delictes de violència intrafamiliar. Barcelona: Centre d'Estudis Jurídics i Formació Especialitzada, Justícia i Societat, 28, 196-321.

Sobral, J.; Romero, E.; Luengo, A. y Marzoa, J. (2000). Personalidad y conducta antisocial: amplificadores individuales de los efectos contextuales. Psicothema, 12(4), 661-60.

Steinmetz, S.K. (1978). Battered parents. Society, 15, 54-55.

Strauss, M.A., Gelles, R.J. y Steinmetz, S.K. (1980). Behind closed Doors: Violence in the American Family. Nueva York: Doubleday/Anchor.

Stwart, M., Jacson, D., Mannix, J., Wilkes, L. y Lines K. (2007). Current state knowledge on child-to-mother violence: a literature review. Contemporary Nurse, 18, 199-210.

Stwart, M., Wilkes, L., Jackson, D. y Mannix, J. (2006). Child-to-mother violence: a pilot study. Contemporary Nurse, 21, 297-310.

Synder, J. y Patterson, G. R. (1995). Children's temperament, mother's discipline and security of attachment: Multiple pathways to emerging internalization. Child Development, 66, 597-615.

Teamcares, J. (2001). Parents abused by their children: Ending the abuse.

Tversky, A. y Kahneman, D. (1974). Judgment under uncertainty: Heuristics and biases. Science, 1985, 1124-1131.

Ulman, A. y Straus, M. (2003). Violence by children against mothers in relation to violence between parents and corporal punishment by parents. Journal of Comparative Family Studies, 34, 41-60.

Walsh, A. y Ellis, L. (2007). Criminology. An interdisciplinary approach. Londres: Sage Publications.

Walsh, J.A. y Krienert, J.L. (2007). Child-Parent Violence: An empirical analysis of offender, victim and event characteristics in a National Sample of Reported Incidents. Journal Family Violence, 22, 563-574.

Wells, M.G. (1987). Adolescent violence against parents: An assessment. Family Therapy, 14(2), 125-133.

Wilson, J. (1996). Physical abuse of parents by adolescent children. En D.M. Busby (Ed.), The impact of violence on the family: Treatment approaches for therapists and other professionals (pp. 101-123). Massachusetts: Allyn & Bacon.

Reflexiones sobre psicopatía de un psicólogo clínico

CARLOS RAMOS GASCÓN. PSICÓLOGO CLÍNICO.

El primer contacto que tuve sobre el tema de las psicopatías fue al final de mis estudios universitarios, en los tiempos de cuando entonces. Un psicólogo que trabajaba en aquella época en el Hospital Psiquiátrico Penitenciario de Carabanchel me refirió, todavía impresionado, un episodio que habían tenido unos meses atrás. Me estoy refiriendo al año 1974 ó 1975, no recuerdo con precisión.

Uno de los internos, diagnosticado de psicopatía, llevaba largo tiempo observando una conducta modélica. Tanto sus progresos como su integración en las actividades del centro, sus actividades y disposición a colaborar en todo lo que se le solicitaba, hicieron pensar a la mayoría de los integrantes del equipo de tratamiento que merecía la pena darle una oportunidad, en aras de su integración social. En contra de la opinión de nuestro colega -quien se remitía a los antecedentes de gran peligrosidad del interno, corroborados por las entrevistas, test, informes, etc., que en aquella época se le practicaron- se decidió darle un fin de semana de permiso. La posterior investigación policial demostró que el interno, una vez fuera del centro penitenciario se dirigió "...en línea recta, como quien dice..." al domicilio de su antigua amante que, lamentablemente, seguía viviendo en su domicilio de siempre, y que el sujeto, por supuesto, conocía muy bien. Valiéndose de un arma blanca mató a la mujer con un ensañamiento que dejó impresionados a investigadores muy curtidos en estas lindes. Una vez reintegrado al centro psiquiátrico penitenciario, volvió a observar una conducta perfectamente integrada y colaboradora, como si nada hubiera sucedido.

Repasando informaciones, sucesos y reflexiones a lo largo del tiempo, recuerdo también lo que me refirió un familiar, que fue un alto cargo policial, acerca de la asesina de ancianas de Barcelona. Se dio la circunstancia de que esta mujer trabajaba en una cafetería-restaurante próxima a la comisaría de Vía Laietana. Se trataba, me comentó, de una excelente cocinera, y, comprensiblemente, los policías, en los sucesivos turnos de su difícil y siempre estresante trabajo, se escapaban a comer (o cenar) allí, en cuanto podían. Esta mujer, de apariencia corriente, a lo largo de los años observó en su trabajo un comportamiento completamente normal. *"Nunca pudimos imaginar que fuera capaz de hacer cosas así"*.

En mi experiencia, respecto del tema de las psicopatías, hay aspectos que me preocupan. Uno de ellas, la creencia, quizá subliminal, de que estos temas son "cosa de hombres". Nada menos cierto, como apunta la anterior cita sobre la asesina de ancianas barcelonesa. Admito que debe ser más frecuente entre el sexo masculino. Algo más frecuente. Sucede que la mujer, por sus condicionantes biológicos, puede ser menos espectacular, es decir, con una capacidad de disimulo mucho mayor, y en consecuencia, es más probable que sus acciones pasen más fácilmente desapercibidas.

Otro se refiere a la connotación abusiva que socialmente se viene haciendo del término "psicópata". Cualquier persona que nos caiga mal o cuyo comportamiento nos desagrade –vecinos, camareros, familiares, taxistas, psicólogos, peluqueros, etc…- *"…es un psicópata"*. Con este proceder lingüístico trivializamos y vaciamos de contenido lo que es una realidad selectiva, generando así una sutil indefensión social respecto de una triste realidad.

He escrito una triste realidad que nos deja indefensos porque existen una serie de clichés y prejuicios que son necesarios desactivar. En efecto, sigue habiendo en torno a la psicopatía y sus variantes un clima bastante novelesco y/o peliculero. Un psicópata no tiene por qué ser un serial killer, ni viceversa. De hecho, muchos de ellos no van a derramar una gota de sangre en su vida. Como en el ejemplo anteriormente apuntado, no tienen por qué tener mala catadura. Pueden ser personas de apariencia inquietantemente común. Y al contrario, personas que a lo mejor tienen un semblante algo siniestro, resultan tener gran calidad humana. Hay, pues una serie de mitos sobre las psicopatías que es necesario desactivar, en un ejercicio de higiene social.

Asimismo, es cierto que existen los denominados psicópatas de guante blanco. Quizá nunca ocasionen un daño físico, pero destrozan emocionalmente a personas, parejas, hijos, familias, negocios... Generando en derredor un gran sufrimiento emocional, o, como se expresa actualmente, relaciones tóxicas. Y por lo mismo, con una notable capacidad para la mentira. El propio Hare, una de las mayores autoridades en estas cuestiones, reconoció la cantidad de veces que ha sido engañado por estas personas.

Recuerdo, también, lo que me explicó una de nuestras autoridades en psiquiatría forense, y a quien siempre agradeceré su amistad y consideración, además de alguna cita personal en una de sus principales obras. Este ilustre profesional me explicaba que con el tema de la psicopatía, en rigor, no es suficiente establecer una diferenciación entre nosotros y ellos. Es necesario reconocer, además, que en el trasfondo de toda persona normal existe un núcleo psicopático dispuesto a aflorar en determinadas condiciones. Se trata de una enseñanza humana esencial que me brindó un profesional tan ilustre. Sabía muy bien de lo que hablaba, uniendo a su vasta experiencia una notable humildad.

Entre los problemas que he atendido a lo largo de mi ejercicio profesional recuerdo el de una mujer aún joven, excelente persona. Lamentablemente, se casó con un hombre que, de novio *"...era cortés, incluso exquisito."* El noviazgo se desarrolló intermitentemente, ya que ambos vivían en ciudades distintas. Pero ya en el mismo viaje de luna de miel, y desde el primer momento, *"... su actitud cambió radicalmente."* Se mostró como un hombre seco, reconcentrado y, desde luego, con una agresividad que antes no había mostrado. Esta mujer recordó siempre con dolor cómo estando embarazada de siete meses, una tarde fue objeto de repetidas agresiones, temiendo perder el hijo de su tercer embarazo. El hombre añadió que *"...voy a pregonar por ahí que no es hijo mío, y mientras se demuestra lo contrario, tú sufres"*. Después de un difícil proceso, la mujer logró la nulidad matrimonial. Sin embargo, los problemas no cesaron con la separación ni la posterior nulidad. El padre de sus tres hijos sometió a la familia a un continuo sabotaje y acoso. Por ejemplo, valiéndose de que su profesión, agente comercial, le permitía una gran flexibilidad horaria y aprovechando que la madre tenía que cumplir la jornada laboral típica de su horario de trabajo, acudía a la salida del colegio, y acosaba sistemáticamente a las niñeras que acudían a recogerles, con lo que con lo que casi todas, asustadas, se marchaban a los pocos días. Asimismo, había fundadas sospechas de que este sujeto abusaba sexualmente de los hijos, y –como hecho repetido y demostrado- se negaba a que éstos recibieran asistencia psicológica. Con el adecuado asesoramiento, se le hizo ver a esta mujer que la única salida, para la grave problemática familiar que sufría, era la de hacer que su ex experimentase una situación similar, aunque, obviamente en otro contexto, a la que ella estaba sufriendo. En concreto, se trataba de hacerle experimentar de una determinada manera que a él también se le podía provocar un cierto caos–incontrolable para él- en su vida cotidiana. Fue un proceso difícil. Como era previsible, su reacción inicial consistió en una huida hacia delante, de la que se advirtió a la mujer. Pasada esta fase, y siguiendo con la acordada estrategia, este sujeto empezó a ceder, incluso a claudicar, de forma coherente. Una de las situaciones que más desconciertan y desmoralizan al acosador, es que la víctima logre dar la vuelta al calcetín y le convierta en acosado. Desgraciadamente, es verdad que muchas veces esto no es factible. Pero a poco que se pueda, la víctima esto es —exactamente- lo que tiene que poner en práctica, superando su shock y bloqueo inicial. Aviso para navegantes.

En otro caso que atendí, se trataba de un hombre de buena posición social. Quería mi intervención para lograr que su mujer, en trámites de divorcio, volviera a él. Se trataba de una persona tranquila, notablemente controlada y de trato agradable. Finalmente, después de un cierto número de sesiones, me propuso que yo sometiera a su todavía mujer a hipnosis, ya que tenía fuertes sospechas de que ella mantenía relaciones sexuales con dos de sus cuñados, es decir, hermanos de la mujer. Bastaría que ella asegurase bajo trance hipnótico su inocencia, o en todo caso, que no lo volvería a hacer. Obviamente, me negué, explicándole además la imposibilidad de una demanda semejante: en realidad —en contra de lo que creía mi consultante- es imposible obligar a una persona hipnotizada a decir o hacer nada en contra de su voluntad o conveniencia. Reconozco que nunca he podido olvidar la sonrisa fría y llena de rencor que me dirigió cuando vio defraudadas sus expectativas. No volvió a aparecer por mi consulta.

Puedo poner otros ejemplos, pero lo que importa es lo siguiente: el consejo que yo podría dar a mis colegas es que aunque no sean especialistas en estos temas, siempre tengan en cuenta la posibilidad de que se les presenten casos de este tipo. Habrá que afrontarlos con naturalidad, y con un cierto estado de alerta. Teniendo en cuenta que tanto si la persona con psicopatía se postula como posible paciente –posibilidad rarísima–, casi siempre para que atiendan a otro u otros de su entorno, pretendiendo que el psicólogo o psiquiatra se convierta en un aliado comprensivo.

Mi consejo, también, para mis colegas, es el que sigue: ante la sospecha de que, de forma directa o indirecta, se esté ante un caso de psicopatía, no vacilen en tomar determinadas medidas de seguridad profesional/personal. Es así. Casos de abusos de cualquier tipo, de maltrato, de acoso –acoso, que por cierto, pueden extender a quienes atienden profesionalmente a sus víctimas y familiares– aconsejan a los profesionales implicados a que estén física y personalmente prevenidos. Comprendo que es una realidad psicológicamente incorrecta. Pero es la realidad. Nuestra profesión es para gente valiente, pero como una cosa no quita la otra, también para profesionales que se saben proteger.

Si bien consideramos que la psicopatía es un trastorno de conducta que no tiene por qué afectar el sentido de realidad, y por lo tanto, desde el punto de vista penal, sus acciones son plenamente imputables – respecto de lo cual estoy completamente de acuerdo– en mi opinión, una cosa no quita, clínicamente, la otra. Con esto quiero decir, que por lo observado, la realidad apunta a que la psicopatía –más allá de las causas que se le puedan atribuir– puede implicar una permeabilidad a otro tipo de trastornos: fobias, trastornos obsesivos, desviaciones sexuales –y en particular, tendencia al abuso de menores-, reacciones explosivas, carácter asocial combinado con tendencia al abuso emocional, y también económico, facilidad para la negación, mentira o trastornos facticios

Repasando mis observaciones, puedo confirmar que es frecuente la combinación con facilidad de relación y fluidez en sus relaciones sociales con un–incongruente o paradójico- aislamiento en su vida privada. Con esto, no pretendo afirmar que las personas que presenten este contraste tengan forzosamente una psicopatía. Pero en mi opinión, sí es una paradoja frecuente, sobre todo en los casos que el íntimo y paradójico carácter asocial es ocultado con extraordinario sigilo.

Una observación quizá más sutil y que no recuerdo haber leído consignada en un estudio sobre el tema, es la siguiente: la personalidad psicopática se suele ver poseída por un curioso sentimiento que denomino *"la prepotencia de la impunidad"*, que, en mi opinión, es esencial si se quiere tener alguna posibilidad de desactivar sus estrategias. En efecto, si se logra inyectaren sus estrategias y sistemas de conducta algunos factores que les desconcierten y/o que sientan que no van a poder controlar, sus víctimas tienen mucho terreno ganado, aunque les quede mucho por batallar. Menos, es nada.

Asimismo, he observado que respecto de estos sujetos nos encontramos con el mito del elevado nivel intelectual del psicópata, cosa que, indudablemente, puede ser cierta en algunos casos, como igualmente en otros que no tienen nada que ver con la psicopatía. Se trata, en mi opinión, de un enfoque equivocado. Las personalidades psicopáticas que he observado eran, casi todas, de inteligencia normal –y alguna, ligeramente por debajo de la media–; pero es cierto que todas tenían unas características comunes en cuanto a su capacidad de manipulación, que podríamos calificar de instintiva. Esto es distinto, por favor. Con ello quiero decir, claramente, que una cosa es tener una elevada dotación intelectual y otra ser, sencillamente listo, astuto, retorcido, o lo que se quiera poner. Estoy seguro, por ejemplo, que si repasáramos la literatura picaresca de nuestro Siglo de Oro, nos encontraríamos en ella con diversos y pintorescos ejemplos de personalidades psicopáticas. No hay más que traducirlo a los tiempos que nos tocan vivir. En el caso concreto de Quevedo –en mi opinión un psicópata de la pluma y del tintero, cuanto menos– pienso que habría comprendido muy bien estas consideraciones.

Dado que la personalidad psicopática es consciente, en principio, de la realidad, como cualquier otra persona corriente, la pregunta que con frecuencia me he formulado es: ¿Es asimismo consciente de su propia psicopatía? Aún lo ignoro. Pero me consta que en muchos casos, procuran informarse sobre su tema.

En relación con lo anterior, encuentro que la personalidad psicopática tiende a un contacto emocional sustitutivo en su interacción con su realidad humana.

Hay, finalmente, un punto que no se ha tratado, siempre en mi opinión, y me parece de gran importancia: la relación de la persona con psicopatía con su esquema corporal. Con esto quiero decir lo siguiente: en la interacción física, por lo que implica de lenguaje no verbal con otras personas, la persona con psicopatía, instintivamente, pretende establecer un juego descompensado, asimétrico, pero nunca formulado explícitamente, según el cual yo te puedo tocar a ti, pero tú no me puedes tocar a mí. Si la presunta"víctima" cae en la cuenta de este juego y se niega a seguirlo, ésta constituye una de las mejores tácticas para defenderse. Una de las conclusiones: para defenderse de una interacción psicopática, es de la mayor importancia darse cuenta y tener reflejos para "nombrarle el juego" desde el principio.

Abundando en lo anterior, lo que he observado es que la persona con psicopatía es particularmente intolerante al contacto físico más o menos normal, si le coge por sorpresa. No así, si lo ve venir. Punto a tener en cuenta. En mi opinión, es un punto importante, y que se relaciona con una observación anterior: no es buena noticia una persona muy sociable y de la que se descubre un notable aislamiento en su vida privada.

Estas son las notas que yo quería escribir, según mi leal entender y saber adía de hoy, sobre el tema de la psicopatía.

www.ingramcontent.com/pod-product-compliance
Lightning Source LLC
Chambersburg PA
CBHW050459290526
45786CB00006B/2352